Wilfried von Bredow

Armee ohne Auftrag

Wilfried von Bredow

Armee ohne Auftrag

Die Bundeswehr und die deutsche Sicherheitspolitik

orell füssli
verlag

Orell Füssli Verlag, www.ofv.ch

Umschlaggestaltung: Hauptmann & Kompanie Werbeagentur, Zürich, unter Verwendung eines Fotos von © Daniel Pilar/laif
Druck und Bindung: CPI books GmbH, Leck

ISBN 978-3-280-05728-5

Die Deutsche Nationalbibliothek verzeichnet diese Publikation in der Deutschen Nationalbibliografie; detaillierte bibliografische Daten sind im Internet unter www.dnb.de abrufbar.

FSC
www.fsc.org
MIX
Papier aus verantwortungsvollen Quellen
FSC® C083411

Inhalt

Einleitung

In Deutschland ist die Bundeswehr die einzige Großbürokratie mit angeschlossenem eigenem Sicherheitsdienst. Zwar trifft man auf die Krake der Bürokratie in allen modernen Gesellschaften. In Deutschland allerdings begleitet die Bundeswehr seit ihrer Gründung ein besonders lautes Stöhnen über die Bürokratie. Nun gehört, darüber sollte man sich keine falschen Vorstellungen machen, eine funktionierende Bürokratie zu den Voraussetzungen, damit komplexe Organisationen ihre Ziele erfolgreich anvisieren und erreichen können. Aber sie muss halt funktionieren, sonst kommt es zu permanenten Reibungsverlusten und mangelhafter Effektivität.

Über die Bundeswehr dringt seit längerem vor allem Unerfreuliches an die Öffentlichkeit: Skandale, Personalnöte, Defizite bei Bewaffnung und Ausrüstung, Traditionswirrwarr. Von all dem gab es in den letzten Jahren mehr als genug. Bedenklich vor allem der Zustand der Ausrüstung mit Waffen und Geräten. Großgeräte von Marine, Luftwaffe und Heer sind nicht einsatzfähig. Ersatzteile fehlen. Neuentwicklungen werden um ein Vielfaches teurer als ursprünglich ausgemacht. Außerdem werden die Liefertermine seitens der Rüstungsindustrie zu oft nicht eingehalten. Scharfzüngige Kritiker haben sogar das demütigende Wort von der »Schrottarmee« in die Debatte geworfen. Wie passen diese betrüblichen Entwicklungen zu dem kernigen Satz aus dem letzten regierungsamtlichen *Weißbuch* (2016) zur Sicherheitspolitik und zur Zukunft der Bundeswehr: »Die Bundeswehr ist ein wesentliches Instrument unserer Sicherheits- und Verteidigungspolitik«?

Ist sie das wirklich? Oder ist sie eine »Armee ohne Auftrag«, weil die Sicherheits- und Verteidigungspolitik der »Zivilmacht Deutschland« auf Prioritäten geeicht ist, bei denen dieses Instrument keineswegs eine wesentliche sondern, wenn überhaupt, nur eine nachgeordnete Rolle spielt?

Selbstverständlich kann man unzähligen offiziellen Texten und Dokumenten der Bundesrepublik Deutschland entnehmen, welche Aufträge der Bundeswehr zugedacht sind. Im *Weißbuch 2016* verteilen sich die Aufzählung und Erklärung dieser Aufträge und der Aufgaben der Bundeswehr gleich über drei Seiten. Die Bundeswehr kann sich geradezu vor Aufträgen und Aufgaben nicht retten! Aber dennoch drängt sich der Eindruck auf, dass in der deutschen Sicherheitspolitik Ziele und Instrumente nicht gut zusammenpassen. Genau das ist mit dem, gewiss etwas zugespitzten Titel »Armee ohne Auftrag« gemeint: Es fehlt hierzulande an dem aufgeklärten Bewusstsein vom rechten Gebrauch der Streitkräfte als Instrument der Politik. Dieser Mangel macht die Konturen der deutschen Sicherheitspolitik unscharf und ihre Inhalte unglaubwürdig. Eine Folge davon ist, dass mit der Bundeswehr zeitweise zu nachlässig umgegangen wird, was wiederum deutliche Konsequenzen für das professionelle Selbstverständnis der Soldaten hat, egal, auf welcher Hierarchiestufe.

Die Bundeswehr verschlingt einen nicht unbeträchtlichen Teil des jährlichen Bundeshaushalts. Aber was genau sie macht und vor allem warum sie was macht, darüber liegt ein Schleier der Unkenntnis. Was hatte es beispielsweise mit Deutschlands Sicherheit zu tun, wenn sie in Somalia ein Feldlager für eine indische Brigade aufbaut, die niemals dort eintraf? Wenn sie im Kongo manipulierte Präsidentschaftswahlen überwachte, bei denen es glücklicherweise zu keinen gewalttätigen Zwischenfällen gekommen ist? Oder wenn sie zwei Jahrzehnte lang am Hindukusch vergeblich versucht hat, Staat und Gesellschaft Afghanistans zu stabilisieren?

Deutschland-Hologramm

Wenn man in Deutschland über Sicherheitspolitik redet, dann redet man über die UNO und ihren Sicherheitsrat; über die NATO, die – den Amerikanern sei Dank – Deutschland beschützt; über die OSZE, die irgendwie wichtig erscheint, ohne dass man Genaueres über sie weiß; über die EU, die bedauerlicherweise sicherheitspolitisch nicht in die Puschen kommt. Sicher, manchmal redet man auch von der Bundeswehr. Aber deren alter Werbespruch »Wir produzieren Sicherheit« ist eigentlich nie auf viel Verständnis gestoßen.

Nach der Vereinigung 1990 gewann Deutschland trotz aller internen Schwierigkeiten bei der Eingliederung der neuen Bundesländer auf der europa- und weltpolitischen Bühne mehr Gewicht. Für seine Außen- und Sicherheitspolitik galt es nun, neue Verhaltensweisen im gründlich veränderten internationalen Umfeld zu entwickeln. Die Erwartungen aus diesem Umfeld an Deutschland hatten sich ein großes Stück weit verändert – einer der Hauptgründe dafür, dass sich auch die Selbstwahrnehmung der deutschen Außen- und Sicherheitspolitik ändern musste – ohne dass tief eingeprägte Grundentscheidungen (doppelte Westintegration) zur Disposition gestellt und erfolgreiche Methoden (Multilateralismus) aufgegeben werden sollten. Konnte dieselbe Kontinuität auch für das nach 1949 ausgebildete Merkmal außen- und sicherheitspolitischen Verhaltens, die »Kultur der Zurückhaltung« uneingeschränkt gültig bleiben?

Der Kraftakt, bewährte Grundsätze weitgehend zu bewahren, sich zugleich aber den schwierigen neuen Rahmenbedingungen internationaler Politik anzupassen, ist bislang nicht so gelungen, wie man es sich wünschen würde. Die deutsche Außen- und Sicherheitspolitik, behaupten ihre Kritiker, stolpert oft nur vor sich. In einem seiner letzten Bücher kennzeichnet Hans-Peter Schwarz (2005) sie als *orientierungslos.* Ihre Führungspolitik sei *ratlos,* behauptet der frühere Diplomat Volker Stanzel (2019). Freilich gibt es jede Menge Empfehlungen von Beobachtern und Fachleuten, wie das zu ändern wäre. Wie nicht anders zu erwarten, widersprechen sie sich teilweise. Deutschland müsse öfter und mit höherem Einsatz bei weltpolitischen Konflikten eingreifen, heißt es. Oder gerade nicht. Deutschland müsse seine eigenen außenpolitischen Prioritäten und sicherheitsstrategischen Grundsätze endlich klar und deutlich herausarbeiten, heißt es. Aber ja nicht als rein nationale Prioritäten oder als nur national ausgerichtete Sicherheitsstrategie, hört man von anderer Seite.

Deutschland als zentrale Macht in der Mitte Europas sei inzwischen *nolens volens* zur »Vormacht wider Willen« (Bierling 2014) in Europa und teils sogar darüber hinaus geworden. Ein forscher Zwischenruf aus der Schweiz (Gujer 2007) behauptet *tout court,* Deutschland sei längst eine Großmacht. Stefan Fröhlich (2019) konstatiert sogar »das Ende der Selbstfesselung« Deutschlands. Es müsse beherzt Führungsaufgaben in der Europäische Union übernehmen, fordert Herfried Münkler (2015). Aber möglichst so, dass es niemand merkt. Nötig sei eine Art »wohlwollende Hegemonie« Deutschlands (Mangasarian/Techau 2017), vor der keiner der Nachbarstaaten Angst zu haben brauche. Aber was genau sind die Merkmale einer »wohlwollenden Hegemonie« und was unterscheidet sie von simpler Vorherrschaft? Was den einen als wohlwollend erscheinen mag, nehmen andere eben doch als Druck und Fremdbestimmung wahr. Es will alles nicht recht zusammenpassen.

Das berühmt-berüchtigte Deutschland-Hologramm: zu groß und vor allem ökonomisch zu stark, um als harmloser Mitspieler auf der europäischen Politik-Bühne gelten zu können, erscheint das Land hinwiederum nicht groß genug und – vor allem sicherheitspolitisch – viel zu schwach, um für die eigene, gar nicht zu reden von der europäischen Sicherheit, sorgen zu können. Dieses Bild, vor 1990 häufig in der Formel ausgedrückt »ökonomischer Riese, politischer Zwerg«, bildete zwar nie die ganze politische Realität ab, passte jedoch aus verschiedenen Gründen ganz gut zu der eigentümlichen Konstellation des Ost-West-Konflikts. 1990 war es damit jedoch vorbei.

Warum ist bei vielen Beobachtern der Eindruck entstanden, dass die deutsche Sicherheitspolitik kein Bein auf den Boden kriegt, sondern ihr Selbstverständnis, ihre großen Versprechungen und die von den verbündeten Mitspielern auf der politischen Bühne an Deutschland gerichteten Erwartungen immer wieder desavouiert? Wieso herrscht im außen- und sicherheitspolitischen Diskurs der meinungsbildenden Kreise (das Wort Eliten vermeiden wir besser) über der Rolle und Funktion von Militär und Streitkräften für die Außen- und Sicherheitspolitik so große Unklarheit? Am liebsten würden viele beides gar nicht thematisieren und deutsche Politik zu einer rein zivilen Angelegenheit erklären. Aus Angst vor einer Wiederkehr von Militarismus und aggressiven Eroberungsgelüsten? Aber ist diese Angst nicht schon längst zu einer Pose demonstrierter Gutwilligkeit geworden, die Selbstschwächung in Kauf nimmt, wenn man nur schwierigen, kostspieligen und moralisch ungemütlichen Entscheidungen enthoben ist?

Die schmerzhaften Struktur- und Grundorientierungsprobleme der deutschen Außen- und Sicherheitspolitik haben historische Wurzeln und lassen sich nicht einfach abstellen. Der Konflikt zwischen den Anhängern einer transatlantischen Ausrichtung Deutschlands als außenpolitisches Primärziel (»Atlantiker«) und denjenigen, die Deutschland vor allem als europäische Macht definieren (»Gaullisten«), geht bis in die Adenauer-Zeit zurück. Noch älter ist der Konflikt zwischen den »Russlandverstehern« und den Russlandskeptikern. Er wurde eigentlich nur von Bismarck neutralisiert, verschärfte sich aber nach dessen Abgang und spielte in der Weimarer Republik eine nicht unwichtige Rolle. Ein Strukturproblem anderer Art ist die »Last der Vergangenheit«, nämlich die der zwölf Jahre nationalsozialistischer Diktatur mit all ihren Verbrechen. Im Bewusstsein dieser Last wurde die deutsche Nachkriegspolitik menschenfreundlicher und besonnener. Das ist positiv. Jedoch zeitigte sie auch eine Reihe von Zwiespältigkeiten, darunter eine über die Jahre bis zur Bigotterie aufgewachsene Moralisierung der Politik.

Schiefes Fundament

Die Bundeswehr wurde von Anfang an als Instrument der Politik eingerichtet und unter fest institutionalisierte zivile, demokratische Kontrolle gestellt. Mit diesem klassischen demokratie-kompatiblen und nach wie vor gültigen Konzept von den Streitkräften als Mittel der Politik haben aber ein politisches System und eine von grundsätzlich gewaltfreier Politik schwärmende demokratische Öffentlichkeit ihre Schwierigkeiten. Ein anti-militärischer Grundton der deutschen Außen- und Sicherheitspolitik ist unübersehbar, ausgedrückt etwa in dem immer wiederholten, indes kaum reflektierten Slogan »Krieg ist keine Lösung«. Das ist ja nicht völlig falsch. Aber wenn er zur unbedingten Handlungsmaxime eines Staates wird, gefährdet er nicht nur dessen eigene Stabilität. Vor allem in einer Welt, in der viele staatliche und nicht staatliche Akteure Gewalt und bestimmte Formen der Kriegsführung ganz unverblümt als Mittel zur Durchsetzung ihrer Interessen einsetzen.

Die Ursachen und Gründe für die gegenwärtige Misere der Bundeswehr liegt in den Anpassungsschwierigkeiten des politischen Systems und der politischen Kultur dieses Landes an die nach dem Ende des Ost-West-Konflikts tiefgehend veränderte Ordnung der internationalen Politik. Hinzu kommen allerdings auch organisationsinterne Pannen und Fehlentwicklungen. Selbstverständlich geht es hier nicht um einen Totalverriss oder eine polemische Generalabrechnung, was ja heute zum üblich gewordenen Ton der Berichterstattung über die Bundeswehr zu gehören scheint. Es ist nicht (oder nur selten) die völlige Blindheit und Blödheit der Entscheidungsträger und ausführenden Organe in der deutschen Sicherheitspolitik und der Bundeswehr, die für die viel beklagten und in der Tat beklagenswerten Defizite verantwortlich sind. Vielmehr ist es das schiefe konzeptionelle Fundament, das eine kluge, selbstbewusste und angemessen zukunftsorientierte Außen- und Sicherheitspolitik entscheidend behindert.

Ruhebedürfnis und gelegentliche Panik

Um diese Einsicht nachvollziehbar zu machen, werde ich mich nicht nur auf die aktuellen Probleme der deutschen Sicherheitspolitik und der Bundeswehr konzentrieren, sondern weiter ausholen. Deshalb ist diese Studie nach dem Kaskadenmodell aufgebaut.

In ihrem *ersten Teil* stehen die Veränderungen der politischen Weltlage und die Schwierigkeiten im Vordergrund, ihnen mit angemessenen Konzepten und Strategien für internationale Sicherheit zu begegnen. Der unübersichtlich gewordenen Lage und Entwicklung der Weltpolitik kommt man nämlich mit überalterten Vorstellungen über Frieden und Sicherheit nicht bei. Wenn Staaten und ihre Regierungen über keine wirklich langfristigen Konzepte und Orientierungsrahmen für ihre Außen- und Sicherheitspolitik verfügen, kann das, optimistisch interpretiert, ihre Flexibilität erhöhen. Andererseits reduziert sich dadurch ihre Verlässlichkeit. Beides zu optimieren, ist nicht ganz einfach, vor allem bei internationalen Krisen und Konflikten.

Deutschland befindet sich mit seinen Schwierigkeiten in der Sicherheitspolitik keineswegs völlig allein auf weiter Flur. Das ist nach einem Blick auf andere Staaten auf der weltpolitischen Bühne wichtig festzuhalten, wenn es auch kein Trost ist. Denn die Schwierigkeiten und Probleme Deutschlands haben ein besonders scharfes Profil, weil sich hier vieles mehr und grundlegender als anderswo zu ändern hätte. Die vergleichsweise recht komfortable wirtschaftliche und politische Situation des Landes hat aber gerade *nicht* dazu geführt, dass sich der sicherheitspolitische Diskurs durch ein bemerkenswertes Maß an zukunftsbezogener politischer Einbildungs- und Urteilskraft auszeichnet. Stattdessen ist er träge, repetitiv, zuweilen rechthaberisch und Ausdruck einer kollektiven Ruhebedürftigkeit, gelegentlich nur unterbrochen durch kurze Phasen kollektiver Panik. Alles in allem angesichts der gegenwärtigen und vor uns liegenden Aufgaben völlig unangemessen.

Im *zweiten Teil* geht es um die Organisationsrahmen deutscher und europäischer Sicherheit, nämlich die NATO, die Gemeinsame Sicherheits- und Verteidigungspolitik (GSVP) der Europäischen Union und nationale

Sicherheitsvorkehrungen. Zwei komplementäre Fragen drücken hier zunächst aufs politische Gemüt: Inwieweit sind die Maßnahmen und Handlungen der von den USA dominierten NATO mit den europäischen Eigenanstrengungen für die Sicherheit Europas vereinbar? Wie ergänzen und wo widersprechen sich amerikanische und europäische Vorstellungen zur Stabilisierung der internationalen Sicherheit? Der Themenkomplex Europäische Sicherheit erweist sich zudem auch deshalb als unübersichtlich, weil die (Führungs-)Rolle Deutschlands in der Europäischen Union einerseits notwendig, andererseits aber umstritten ist, nicht zuletzt in Deutschland selbst.

Der am ausführlichsten geratene *dritte Teil* beleuchtet die Schwierigkeiten, die Deutschland damit hat zu akzeptieren, dass die Streitkräfte in der Tat ein wesentliches, ja ein unabdingbares Instrument der Sicherheitspolitik sind. Am liebsten würden die Deutschen sie als eine Art Technisches Hilfswerk einsetzen. Die Bundesregierungen haben nach 1990 immer wieder Anläufe zur Reform der Bundeswehr gemacht und ihre Angehörigen damit einem Dauerstress ausgesetzt. Das hat in den letzten Jahren zu einer unguten Problem-Kumulation bei Waffen und Geräten, der *Hardware,* aber auch in den Köpfen mancher Soldaten, der *Software,* geführt. Damit müssen wir jetzt fertig werden.

Rein betriebswirtschaftliche und organisations-reformerische Lösungen der akuten Probleme greifen ebenso zu kurz wie heftige Schnitte in der Spitzenpersonal-Politik. Stattdessen muss ein größerer Umweg eingeschlagen werden. Es braucht eine kühle Analyse der Ziele, Interessen, Möglichkeiten und erfolgreichen Methoden der deutschen Sicherheitspolitik. Erst dann kann die Grundvorstellung von der Rolle der Streitkräfte als Instrument der Politik angemessen korrigiert werden. Auf dieser Basis können dann Fragen wie »welche Bundeswehr benötigen wir?« und »was darf oder soll sie uns kosten?« sinnvoll beantwortet und danach die nötigen Entscheidungen getroffen werden.

Weltpolitische Klimaverschlechterung

Alle reden vom Klima und sind besorgt über den globalen Klimawandel. Das betrifft nicht nur das Wetter, sondern auch das politische Klima. Als sich die ohnehin immer brüchiger gewordene Ost-West-Bipolarität um 1990 aufgelöst hatte, drängten sich neue Schlüsselbegriffe zur Kennzeichnung der weltpolitischen Entwicklung auf: Paradoxe Globalisierung, Verblassen des internationalen Regelkonsens, Überdrehung der Finanzmärkte, Staatsabschwächung und Staatsverfall auf mehreren Kontinenten, Scheitern der US-amerikanisch geführten Weltordnungspolitik, Aufstieg der Volksrepublik China, wachsendes Destruktionspotenzial religiös begründeter Politik, neue Formen der Kriegsführung. Wahrlich unübersichtlich, das alles! Oder anders gesagt: Die Welt von heute hat es mit einem höheren Maß an Gefahren und Unsicherheit zu tun. Das trifft auch dann zu, wenn man in Rechnung stellt, dass die direkte nuklearstrategische Konfrontation der damaligen weltpolitischen Vormächte USA und UdSSR in dieser Form heute nicht mehr existiert.

Zugleich hat sich in den letzten Jahren die Zahl jener existenziellen Weltprobleme erhöht, die mit Aussicht auf Erfolg nur mittels gemeinsamer Politik gelöst oder wenigstens gemildert werden können. Aber wie sollen zum Beispiel umwelt- und klimapolitische Ziele erreicht werden, wenn die – metaphorisch so bezeichnete – weltpolitische Klimaverschlechterung weiter anhält?

Kleiner historisch-politologischer Exkurs

Weltpolitik, die diesen Namen sozusagen geografisch zu Recht trägt, gibt es noch gar nicht so lange, erst seit drei, vier Jahrhunderten. In den Zeiten davor blieb die im Bewusstsein der Menschen und für die Politik eines Staates relevante Außenwelt in der Regel territorial beschränkt. Die »Welt« umfasste noch nicht den gesamten Globus. Die Erde als politisch vorstellbare Einheit gab es noch nicht. Die Menschen kamen erst langsam dazu, global zu denken. Trotzdem existierten und konkurrierten kleine und große Reiche, gab es expansive Kulturen; und freilich jede Menge Kriege und Feldzüge. Manche, wie etwa die Alexanders des Großen, halfen, das Weltbewusstsein der Zeitgenossen erheblich zu erweitern.

Wenn sie das gesamte Beziehungsgefüge der Staaten und anderer grenzüberschreitend aktiver Organisationen und Akteure beschreiben, benutzen die Politologen den Begriff des *internationalen Systems.* Er ist zunächst rein formaler Natur und soll ein Gebilde kennzeichnen, dessen Zusammenhang und Zusammenhalt inhaltlich auf der allgemeinen Anerkennung eines mal kleineren, mal etwas größeren Minimums von Regeln und

Umgangsformen der beteiligten Staaten besteht. Daraus ergibt sich schon rein aus Gründen der wechselseitigen Betroffenheit, der Macht des Faktischen, die Notwendigkeit zur Kommunikation untereinander. Die muss nicht freundlich sein, denn die Konkurrenzen und Interessenkonflikte bestehen ja auch innerhalb eines solchen internationalen Systems. Aber ein Mindestmaß an gültigen Regeln, rechtlich fixiert oder informell, darf nicht unterschritten werden.

Früher blieben internationale Systeme groß-regional beschränkt, etwa das der griechisch-römischen Zeit des Mittelmeerraums. Seit dem 15./16. Jahrhundert expandierte das eurozentrische internationale System des Mittelalters schrittweise über den ganzen Erdball. Es führte im 17. Jahrhundert festere rechtliche und politische Umgangsregeln ein und wurde im 19. und frühen 20. Jahrhundert zu dem ersten wirklich globalen, d. h. erdumspannenden internationalen System.

Diese Expansion beruhte auf politischen, wirtschaftlichen und technologischen Impulsen, allesamt in sich konfliktreich. Der Erwerb von Kolonien und ihr Zusammenbinden in überseeische Besitztümer ging nicht ohne brutale Eroberungs- und Unterwerfungskriege ab, zugleich aber auch nicht ohne Kriege zwischen den konkurrierenden europäischen Mächten um die Vorherrschaft in Europa. Historiker wie Paul Kennedy haben diesen quasipermanenten Streit um die Vorherrschaft und die Anstrengungen der einzelnen Staaten, sich in der Rangfolge der mächtigsten Staaten besser oder sogar möglichst ganz oben zu positionieren, als einen der Gründe ausgemacht, warum gerade das europäische internationale System sich globalisiert hat.

Jedoch ist die Bezeichnung dieses internationalen Systems als europäisch nur insofern korrekt, als Europa sein Ursprungskontinent ist. Die hier entwickelten Vorstellungen über Politik, Wirtschaft, Wissenschaft und Kultur fassten auch auf anderen Kontinenten Fuß, hauptsächlich über die Migration (aus sehr unterschiedlichen Gründen) und die Übernahme dieser Vorstellungen in manchen der sich früh von Europa politisch emanzipierenden Kolonien. Die »amerikanische Revolution« von 1775/1776 ist dafür das leuchtende Beispiel.

Weltordnung, allgemein

Der französische Politikwissenschaftler Raymond Aron definierte ein internationales System als die Gesamtheit politischer Einheiten, welche untereinander reguläre Beziehungen unterhalten und in einen allgemeinen Krieg hineingezogen werden können. Über die Art der regulären Beziehungen ist damit noch nichts ausgesagt. Angesichts der Verschiedenheit politischer Einheiten, was ihre territoriale Ausdehnung, ihren Ressourcenreichtum und ihre militärische Macht angeht, kann man sich jedenfalls gut vorstellen, wie kompliziert es ist, solche Beziehungen auf längere Dauer aufrechtzuerhalten. In der Regel geht das nicht ohne eine durchsetzungswillige und -fähige Ordnungsmacht. Tatsächlich lehrt ein Blick in die Geschichte, dass es immer wieder solche Ordnungsmächte gab, die dem jeweiligen internationalen System – entweder im Alleingang oder mit einer anderen Macht konkurrierend, entweder eher kooperativ oder durch Zwang – ihre Ordnungsvorstellungen aufprägen wollten.

In der Rangfolge von Staaten stehen solche Ordnungsmächte ganz oben. Sie streben nach Hegemonie, auch weil sie ihren Rangplatz nicht verlieren wollen. Hegemonie kann aber auf längere Zeit nur funktionieren, wenn sie nicht nur der Vormacht selbst, sondern auch den anderen Mächten etwas einbringt, wirtschaftliche Entwicklungsmöglichkeiten etwa und Sicherheit im doppelten Sinne des Wortes – als Verlässlichkeit der Beziehungen untereinander und als ein gewisser Schutz vor Bedrohungen von außerhalb des internationalen Systems. Den Begriff der Weltordnung kann man entweder sozusagen *inhaltsneutral* als den gerade bestehenden Zustand des internationalen Systems verstehen. Oder als durch Ordnungsmächte durchgesetzte, von bestimmten und weitgehend akzeptierten Welt- und Wertvorstellungen charakterisierte, also *inhaltlich bestimmte* Ordnung.

Seit dem 17. Jahrhundert war das europäische internationale System mit seinen überseeischen Außenstellen, sprich: Kolonien und sonstigen Einflussgebieten, als Staatensystem definiert, das auf der (rechtlich definierten) souveränen Gleichheit der Staaten und dem daraus folgenden Grundsatz der Nicht-Einmischung in die inneren Angelegenheiten anderer Staaten beruhte. Auch eine gewisse, wenn auch nicht sehr wirkungsvolle Einhegung des Krieges war ein Element dieses »Westfälischen Systems der internationalen Beziehungen« (benannt nach dem Westfälischen Frieden am Ende des 30jährigen Krieges). Der Krieg galt im Übrigen als ein völlig legitimes Mittel zur Durchsetzung staatlicher Interessen, auch expansiver Interessen.

Die Detailgeschichte dieser, wenn man so will, »Westfälischen Weltordnung«, ihrer inneren Widersprüche, ihres Wandels infolge von Revolutionen und anderer Umbrüche, des Abfalls, aber auch des Auf- und Ausbaus vieler zunächst nur als Wirtschaftsobjekte wahrgenommener Kolonien zu Imperien, der imperialen Konkurrenz, die in zwei Weltkriegen kulminierte, all das ist spannend zu verfolgen, aber hier nicht unser Thema. Festzuhalten gilt, dass der Zusammenhalt eines internationalen Systems, gleichviel ob er mehr auf einer Balance mehrerer Mächte oder der Dominanz einer einzigen Ordnungsmacht beruht, immer gefährdet ist. Das Wohlergehen und die Sicherheit der Menschen können niemals garantiert, allenfalls auf Zeit stabil gehalten werden.

Paradoxe Globalisierung

Hier kommt ein weiterer Begriff ins Spiel, die Globalisierung. Also die Ausdehnung des ursprünglich europäischen internationalen Systems mit seinen Ordnungselementen und -versprechungen über den gesamten Globus. Dieser Prozess hat alle anderen politischen, sozialen und kulturellen Veränderungen auf der Erde in der einen oder anderen Weise in Mitleidenschaft gezogen. Seine Dynamik hat in den letzten Jahrzehnten weiter zugenommen und wird sich in den vor uns liegenden Jahrzehnten voraussichtlich kaum verlangsamen. Das private, berufliche und das öffentliche Schicksal von immer mehr Menschen wird weltweit mindestens indirekt, meist jedoch direkt von der Globalisierung beeinflusst. Sie hat die verschiedensten Lebensbereiche erfasst, von der Wirtschaft, deren Märkte zu »Weltmärkten« werden, und der Politik, über die Unterhaltungsindustrie, den Tourismus, Wissenschaft und Forschung bis hin zu der Entgrenzung von Kriminalität und

Terrorismus. Ihre Antriebsmomente sind in erster Linie mobilitäts- und kommunikationstechnische Neuerungen.

Es darf dabei erstens nicht übersehen werden, dass die Globalisierung nicht überall auf die gleiche Weise wirkt. Ihre Auswirkungen sind in den Kernregionen der Welt, etwa in den riesigen und weiter ungestüm wachsenden metropolitanen Stadt-Konglomeraten, viel offensichtlicher als in den ländlichen Regionen der Welt. Aber die Menschen und ihre Lebenswelten an den dortigen Peripherien werden ebenfalls von ihr betroffen, oft sogar ziemlich dramatisch (Abholzung des Amazonas-Regenwalds, *Land Grabbing* in Afrika usw.)

Zweitens ist zu konstatieren, dass die Globalisierung nicht nur vereinheitlichend wirkt, sondern auch Bruchlinien und Differenzen verschärft. Tatsächlich hat sie insgesamt höchst widersprüchliche Konsequenzen. An manchen Orten überwiegen positive Folgen, an anderen die schädlichen Konsequenzen. Die Vorstellung von der Erde als einem »globalen Dorf« suggeriert jedenfalls eine völlig realitätsferne Idylle. Die große Vereinheitlichung, eine handlungsfähige »internationale Gemeinschaft« von Staaten einschließlich humanitärer und anderer Nichtregierungsorganisationen, der Siegeszug kooperativer Politik und die Ausbreitung des »demokratischen Friedens«, all das ist nicht über erste Ansätze hinausgelangt und hat sogar Gegenbewegungen ausgelöst. Die Globalisierung von Produktion, Handel und Finanzspekulation hat eine Menge Gewinner, aber auch unzählige Verlierer zur Folge gehabt. Die viel zitierte Schere zwischen Arm und Reich hat sich weit geöffnet. So ist es kein Wunder, dass viele Menschen die Globalisierung strikt ablehnen, sie anhalten und zurückfahren wollen.

Gleich von zwei Seiten her wird die Globalisierung attackiert: Aus kapitalismuskritischer Perspektive und als lautstarke Anklage gegen den Neoliberalismus sowie von den Anhängern bestimmter identitätspolitischer Konzepte, die ethnische, nationale oder religiöse Homogenität und Souveränität politischer Einheiten anstreben, was zugleich jede Form von Multikulturalität oder die Anerkennung universeller Werte ausschließt. Auf die Staatenwelt – organisiert und in gewisser Weise repräsentiert durch die Vereinten Nationen samt ihren Unter- und Sonderorganisationen – wirkt sich der Globalisierungsprozess auf paradoxe Weise aus. Denn er stärkt keineswegs den internationalen Zusammenhalt. Im Gegenteil, er hat in den letzten Jahren zwei gegenläufige Entwicklungen angestoßen, die zusammen ein neuartiges Sicherheitsproblem darstellen. Einerseits eine deutliche Re-Nationalisierung auf allen Stufen der Macht-Rang-Skala der gegenwärtig um die 200 Staaten. Andererseits eine nicht exakt zu quantifizierende, aber unübersehbare Staatsabschwächung bis hin zum Staatsverfall. Dieses auch häufig mit dem Begriff der *fragilen Staatlichkeit* bezeichnete Phänomen hat sich zu einem der gewichtigsten Sicherheitsrisiken der gegenwärtigen internationalen Beziehungen ausgewachsen. Denn diese Fragilität drückt sich nicht zuletzt im Nichtfunktionieren wesentlicher Ordnungsaufgaben des Staates in seinem Innern aus – mit Folgen nicht nur für die eigene Bevölkerung und die unmittelbaren Nachbarstaaten, sondern potenziell weltweit. In den betreffenden Territorien herrschen Gewalt und Gegengewalt. Sie werden so zu Brutstätten für organisierte Kriminalität, Korruption, Repressionen aller Art, für internen und nach außen gerichteten Terrorismus. Dies wiederum ist ein nachhaltiger Antrieb für Massenmigrationen in die Nachbarländer, deren politische Stabilität ihrerseits dadurch auf die Probe gestellt wird, oder in jene Länder, die, oft irrtümlicherweise, als reich und Schutz gewährend wahrgenommen werden.

Demokratieverfall

Auch hat sich als Illusion herausgestellt, dass die Globalisierung quasi automatisch den in den westlichen Ländern bewusstseins- und verfassungsmäßig vergleichsweise fest verankerten Werten wie Demokratie und Menschenrechte zur universellen Gültigkeit verhelfen würde. Während optimistische Politologen in den 1990er-Jahren eine »dritte Welle der Demokratisierung« wahrzunehmen glaubten, ausgelöst durch den Untergang der sowjetsozialistischen Regime, muss man heute im Gegenteil konstatieren, dass wir es mit einer Welle der Entdemokratisierung zu tun haben. Die allermeisten Konzepte und Programme für einen »Demokratie-Export« westlicher Länder in andere Teile der Welt oder für eine »externe Demokratieförderung« haben sich, ähnlich wie die Politik der Entwicklungshilfe, als untauglich erwiesen. Inzwischen gibt es Anzeichen dafür, dass nicht nur in den post-kommunistischen Transformationsgesellschaften die Begeisterung für die Regeln der Demokratie und für entsprechende Verhaltenscodes abgeflaut ist, sondern dass diese auch in den Kernländern des Westens mit ihrer oft langen demokratischen Tradition nicht unbedingt respektiert werden. Nicht von den Regierungen und nicht von den Bevölkerungen.

Unter sicherheitspolitischen Gesichtspunkten ist diese Verfallsentwicklung deshalb so problematisch, weil mit ihr die Vorstellung verbunden ist, erfolgreiche Politik beruhe auf der möglichst umstandslosen Durchsetzung des Rechts, nein: der Macht des Stärkeren. Die materielle Basis eines solchen »Rechts« sind Geld und Waffen. Sie wird ausgeschmückt mit den unterschiedlichsten Ideologien zur Rechtfertigung von deren Einsatz. Als verkümmerter und verdorbener Rest von Demokratie bleibt dann die – mittels medialer Manipulationen herbeigeführte – Massenbegeisterung, die insbesondere den Einsatz von Streitkräften legitimieren soll, wie kürzlich am Beispiel russischer Interventionen in der Krim, der Ukraine und am Beispiel der Türkei in Nordsyrien demonstriert.

Weltordnung, heute

Damit sind wir schon mitten in der Gegenwart angekommen. Jede politische Lagebeurteilung, sei es aus der Perspektive eines Staates wie Deutschland, sei es aus der Perspektive nicht staatlicher Akteure wie Wirtschaftsunternehmen (zum Beispiel Volkswagen) oder humanitärer Organisationen (zum Beispiel Greenpeace), sei es aus der Perspektive eines Individuums, kommt heutzutage nicht um die Einsicht herum, dass viele, wenn nicht die meisten entscheidenden politischen Vorgänge von den Auswirkungen der Globalisierung betroffen werden. Direkt oder indirekt: Arbeitsplätze, staatliche Subventionen, Investitionsentscheidungen, Urlaubspläne. Und ganz besonders die eigene Sicherheit vor ungewollten militärischen und nichtmilitärischen Attacken, denen die unterschiedlichsten Ziele zugrunde liegen können: von politischer Einschüchterung über politische Erpressung bis hin zur Verletzung der territorialen Integrität von Staaten und die Zerstörung ganzer Gemeinschaften im Namen eines religiösen Fanatismus und Fundamentalismus.

Die Frage ist, *wie* diese gegenwärtige Welt geordnet ist. Gewiss auch, wie sie geordnet sein sollte, um Wohlergehen und Sicherheit überall auf der Welt zu optimieren. Was diese zweite Frage betrifft, da stößt man auf viele Antworten. Aber sie taugen nichts, solange die erste Frage, die nach dem Istzustand der Weltpolitik, unzureichend beantwortet bleibt. Wir wollen uns deshalb an dieser Stelle jedenfalls erst einmal mit dem Istzustand der Weltpolitik beschäftigen. Der sieht betrüblicherweise einigermaßen ramponiert aus. Manche Beobachter drücken das mit einem etwas klobigen Wortspiel aus, wenn sie nämlich nicht von der gegenwärtigen Weltordnung reden, vielmehr von der Weltunordnung (Marsala 2018). Manchmal werden die beiden Verneinungsbuchstaben der Deutlichkeit halber in Klammern gesetzt: Welt(un)ordnung; gelegentlich liest man auch Welt(UN)ordnung, womit zugleich auch die Enttäuschung über die geringen politischen Ordnungskapazitäten der Vereinten Nationen ausgedrückt wird.

Diese Enttäuschung hat ihren Ursprung in der weltpolitischen Entwicklung nach dem Ende des Ost-West-Konflikts, der im Rückblick als eine zwar gespaltene und hochgefährdete Weltordnung mit allerdings durchgängigen Vorteilen für die USA und ihren westlichen Verbündeten (»der Westen«) erscheint. Der Zusammenbruch des von der UdSSR geführten »sozialistischen Lagers« (1989/1990) und schließlich der UdSSR selbst (Ende 1991) schienen den Weg frei zu machen für eine einheitliche, überall auf denselben politischen und ökonomischen Grundsätzen beruhenden Weltordnung.

Zwei Visionen boten sich dafür an:

1. Die auf multinationaler Kooperation beruhende Aufwertung und Stärkung der Vereinten Nationen sowie regionaler kollektiver Sicherheitsorganisationen (zum Beispiel der KSZE/OSZE).
2. Die wohlwollende Vorherrschaft der USA als der, wie es hieß, einzig verbliebenen Supermacht.

Auch die Vorstellungen einer weltumfassenden internationalen Kooperation und vom Multilateralismus basieren letztlich auf dem amerikanisch-europäischen Ordnungsmodell für die Welt. In den meisten westlichen Ländern herrschte die Meinung vor, dass die Werte und Grundkonzepte dieses Ordnungsmodells in der einen oder anderen Variante universelle Gültigkeit erlangen würden. Nur isolierte Außenseiter-Staaten, *Rogue States* in der Sprache von Präsident von George W. Bush (Amtszeit 2001–2009), oder kriminelle *Warlords* würden sich dem in den Weg stellen. Wer das wagte, würde von der geballten Macht der »internationalen Staatengemeinschaft« zur Raison gebracht. Begleiterscheinung solcher überoptimistischen und kurzsichtigen Hoffnungen war die Bereitschaft vieler westlicher Staaten, ihre Rüstungsausgaben merklich zurückzufahren und den Umfang ihrer Streitkräfte deutlich zu verringern (»Friedensdividende«).

Tatsächlich vermochte sich jedoch keine der beiden Versionen einer Weltordnung unter maßgeblichem Einfluss westlicher Ideen und Wertvorstellungen durchzusetzen.

Schon gar nicht die kooperativ-harmonische UNO-Version, denn schnell stellte sich heraus, dass die weit überwiegende Mehrheit ihrer Mitglieder ihre unterschiedlichen und oft gegenläufigen Interessen eben nicht friedlich-schiedlich abgleichen wollten. Sie betrachteten die Vereinten Nationen lediglich dann als nützlich, wenn von ihr Unterstützung für die eigenen Interessen zu erwarten war. Außerdem sträubten sich die fünf Veto-Mächte im entscheidenden UNO-Gremium, ihrem Sicherheitsrat, gegen dessen Reform, mit der die Repräsentanz anderer regionaler Mächte und Kontinente hätte erhöht werden können. Folglich achteten sie eifersüchtig darauf, dass ihre jeweiligen außenpolitischen Einflussmöglichkeiten nicht durch irgendwelche Gremienbeschlüsse angekratzt wurden. So blieben die Vereinten Nationen auch weiterhin hauptsächlich ein Forum für die Selbstdarstellung der Staaten, der Organisationsrahmen von »Weltkonferenzen« mit schön klingenden Proklamationen und Resolutionen an ihrem Ende und zuständig für die Koordination von Löscharbeiten (»Friedensmissionen«) dort, wo lokale und regionale Konflikte zu eskalieren drohten und keine Großmacht Einwände gegen ein Eingreifen zwecks Deeskalation dieser Konflikte vorbrachte.

Auch die amerikanische Vision einer neuen Weltordnung, zunächst noch mit Verve von Präsident George Bush (Amtszeit 1989–1993) antizipiert, hat sich bald in Luft aufgelöst. Der »Krieg gegen den internationalen Terrorismus«, der in Washington nach den Anschlägen vom 11. September 2001 ausgerufen wurde, zeitigte zwar fast überall in der Welt (außer in einigen arabischen Ländern) große Zustimmung. Die NATO rief sogar zum ersten Mal in ihrer Geschichte den Bündnisfall aus. Der deutsche Bundeskanzler versicherte den USA seiner »uneingeschränkten Solidarität«. Überraschenderweise nahmen auch viele solcher Regierungen den Terminus vom Krieg gegen den Terrorismus auf, denen man ansonsten nicht gerade eine tiefe Verbundenheit mit den USA oder dem Westen nachsagen konnte. Sie hatten ihre Gründe.

Denn recht bald stellte sich heraus, dass die uneingeschränkte Solidarität nur eine rhetorische Formel war und dass viele Länder ihre eigenen, in der Hauptsache innenpolitisch geprägten Vorstellungen darüber hatten, wer alles als Terrorist zu gelten hatte und wie man gegen sie vorgehen sollte. So war für die Regierung in Peking klar, dass die im Westen Chinas lebenden muslimischen Uiguren als Terroristen zu bekämpfen seien; in der Türkei wurden politische Organisationen der Kurden, auch wenn sie sich von Terror-Methoden distanzierten, als Terroristen stigmatisiert usw. Mit der Terrorismuskeule wurden Gerechte und Ungerechte geschlagen. Wieder einmal traf der alte Spruch zu: »Was dem einen ein Terrorist ist, ist dem anderen ein Freiheitskämpfer.«

Die BRICS-Welt

Die ersten beiden Jahrzehnte des 21. Jahrhunderts brachten keine Klarheit darüber, wann, wie und ob sich überhaupt eine stabile oder wenigstens einigermaßen stabile Ordnung des internationalen Systems herauskristallisieren wird. Die Globalisierung jedenfalls sorgt dafür, dass lokale, regionale und sektorale Probleme und Fehlentwicklungen ihre Krisenwellen rasch in alle Welt weit ausbreiten können. Typische Beispiele dafür sind etwa die von amerikanischen Geldhäusern ausgehende Finanzkrise 2008 und die vom Bürgerkrieg in Syrien ausgelöste Flüchtlingswelle 2015. In beiden Fällen taten sich die europäischen Staaten schwer damit, die Folgen dieser Krisen einzudämmen und zu mildern. Von lösen wollen wir gar nicht erst sprechen. Ganz zu schweigen von der durch das Coronavirus SARS-CoV-2 ausgelösten Pandemie, die uns seit Dezember 2019 in Atem hält.

Die Symptome der gegenwärtigen Unübersichtlichkeit internationaler Politik und ihrer Klimaverschlechterung sind vielfältig; häufig genug verstärken sie sich gegenseitig. In sehr vielen Staaten ist das Regierungspersonal den Aufgaben nicht gewachsen, übermäßig korrupt und mithin ein Hauptproduzent sich ausbreitender Armut und Proteste. Damit erhöht sich die innergesellschaftliche Gewaltbereitschaft. Zwar haben die Regierungen, weil sie über mehr oder weniger gut organisierte und bewaffnete Sicherheitskräfte (Polizei und Streitkräfte) verfügen, hier einen Vorteil. In der Konfrontation mit liberal orientierten und auf Demokratisierungen drängenden oppositionellen Gruppen bleiben sie oft genug Sieger, wie beispielhaft die Bilanz des »Arabischen Frühlings« 2011 zeigt.

Der sich zu Beginn des neuen Jahrhunderts ankündigende Aufstieg einer Reihe von Staaten zu Weltmächten verlief auch anders als gedacht: Die sogenannten BRICS-Staaten (Brasilien, Russland, Indien, China, Südafrika) bildeten 2006 eine lose organisierte Gruppe, die auch heute noch besteht. Aber viel Gemeinsamkeiten zwischen ihnen gibt es nicht, ausgenommen die Zurückweisung einer von ihnen befürchteten amerikanisch-europäischen Wirtschaftshegemonie. Das reicht aber nicht aus, um als konstruktiver Beitrag zur Stabilisierung der Weltordnung gelten zu können. Den kündigten sie anfangs zwar an, aber dabei ist es dann auch geblieben.

Der brasilianische Präsident Bolsonaro ist zu einem Fan des Politikstils von Donald Trump geworden, beschädigt die ohnehin schwachen Ansätze innergesellschaftlicher Demokratie und billigt oder fördert sogar die Vernichtung des Regenwalds am Amazonas.

Der russische Präsident Putin verfolgt mit seiner Besetzung der ukrainischen Krim, dem nicht erklärten Hybrid-Krieg gegen die Ukraine, dem militärischen Eingreifen in Syrien sowie der nicht ungeschickt in Szene gesetzten Einmischung in innenpolitische Streitigkeiten der USA und europäischer Staaten das langfristige strategische Ziel, Russland wieder auf eine Machtbasis zu stellen, wie sie die UdSSR zwischen 1945 und 1989 innehatte. Die einst sozialistisch-kommunistische Ideologie wird dabei durch kaltschnäuzige Realpolitik ersetzt. Was schon einmal beschönigend als »gelenkte Demokratie« bezeichnet wurde, ist in Wahrheit eine *Fake Democracy.*

Indien, früher einmal als die »größte Demokratie der Welt« gefeiert, hat unter der Führung von Premierminister Modi und seiner hindu-nationalistischen Partei den Dauerkonflikt mit Pakistan um die Kaschmir-Region neu angeheizt. Die besondere Brisanz dieses mit religiösem Fanatismus auf beiden Seiten aufgeladenen Konflikts – er reicht weit in die Vergangenheit zurück – liegt nicht zuletzt darin, dass Indien und Pakistan über eigene Nuklearwaffen verfügen.

China, das sich bis vor wenigen Jahren noch zu den Entwicklungsländern rechnen ließ, hat inzwischen eine Sonderstellung im internationalen System bezogen. Es ist durch sein wirtschaftliches Wachstum, seine knallharte groß-regionale Vormachtpolitik in Asien und seine behutsam eingefädelten politisch-ökonomischen Verbindungen mit vielen Ländern auf anderen Kontinenten, Afrika etwa, zu *dem* großen Herausforderer der USA geworden. Mit anderen Worten: Die mit harten Bandagen ausgefochtene Konkurrenz zwischen China und den USA hat sich zum entscheidenden globalen Hegemonialkonflikt ausgeweitet. Zunächst noch vor allem auf der Ebene der Handelsbeziehungen und Technologiepolitik. Aber man muss gar nicht übertrieben furchtsam sein, um auch die Möglichkeit militärischer Konfrontationen in Betracht zu ziehen.

Südafrika schließlich, dem in der Zeit der Präsidentschaft von Nelson Mandela international viel Respekt entgegengebracht wurde, konnte unter seinen Nachfolgern, alles Politiker des *African National Congress* (ANC), den Erwartungen an das Land als afrikanischer Ordnungsmacht nicht gerecht werden.

Mindestens zwei Staaten aus der BRICS-Gruppe verfolgen inzwischen sehr erfolgreich eigene Hegemonialinteressen, Russland eher auf der Suche nach dem Status, den einst die UdSSR innehatte, China behutsam-aggressiv mit der Ambition, zur dominierenden Weltführungsmacht zu werden. Die Interessen beider Staaten stimmen keineswegs überein, überschneiden sich aber, weil ihnen beiden dieselbe Hürde im Weg steht – die amerikanisch-europäische Allianz. Wie fest diese Allianz allerdings wirklich ist, steht dahin. Russland und China verfolgen seit längerem auf unterschiedliche Weise das Ziel, sie zu untergraben. Aus ihrer Sicht ist das auch sinnvoll.

Amerika und Europa

Das große Problem der transatlantischen Allianz oder des »Westens« (wozu allerdings noch ein paar andere Staaten in anderen Regionen zu zählen sind) besteht darin, dass es sich dabei einerseits um ein normatives Projekt mit letztlich als universell angesehenen, aus der Aufklärung stammenden Werten wie Individualismus, Menschenrechte und Demokratie handelt, dem aber andererseits häufig recht unterschiedliche, ja widersprüchliche realpolitische Interessen der einzelnen Staaten entgegenstehen. Beides zu balancieren, ist nicht einfach. Im Ost-West-Konflikt wurde diese Balance erleichtert, weil es einen gemeinsamen Gegner gab, auf der Werte-Ebene den kollektivistisch ausgerichteten Sozialismus und Kommunismus und auf der realpolitischen Ebene die UdSSR und das »sozialistische Lager«.

Seither ist jene Notwendigkeit zur Balance immer schwieriger geworden. Mit dem Auftauchen von al-Qaida und anderer inter- oder transnationaler Terrorgruppen gab es zwar wieder einen gemeinsamen Feind. Aber zum einen war er das auch für Russland und China, taugte also nicht unbedingt dazu, den Zusammenhalt der transatlantischen Allianz nachdrücklich zu forcieren. Auch waren und sind diese Terrornetzwerke auf schwer identifizierbare, aber bestimmt nicht simpel zu ignorierende Weise mit manchen staatlichen Akteuren verknüpft, von denen einige, etwa Saudi-Arabien, auf der realpolitischen Ebene zu den westlichen Verbündeten zählen, was in diesem Fall mit gemeinsamen Öl-Interessen zusammenhängt.

Die enge Verbindung zwischen Amerika und Europa leidet aber auch wegen interner Entwicklungen auf beiden Seiten des Atlantik. Für beide gilt, wenn auch vielleicht nicht in gleich starkem Maße, dass die wertgebundene Seite ihrer Politik zusehends verblasst. Sie ist mehr und mehr in die Sonntagsreden abgerutscht, schmückt auch nach wie vor Resolutionen und Präambeln von Verträgen, kann aber im politischen Alltag kaum mehr bewirken als ein schlechtes Gewissen der Beteiligten. Aber selbst darauf trifft man gegenwärtig immer seltener, weil sich hüben wie drüben eine eigentümliche Re-Nationalisierung durchzusetzen begonnen hat. Innenpolitisch drückt sich das im Auftreten populistischer Politiker aus, die für die Vorstellung von einem schlechten Gewissen wegen der Missachtung eigener gesellschaftlicher Werte nur ein müdes Lächeln übrig haben. In der Wirtschaftspolitik haben sich die amerikanischen und europäischen Prioritäten auseinanderentwickelt, wie man an dem Hin und Her von Strafzöllen und Gegenstrafzöllen aus den letzten Jahren ablesen kann. Sicherheitspolitisch dreht die Europäische Union eine Pirouette nach der anderen, das heißt: sie kommt nicht vom Fleck. Die USA wiederum lassen sich durch ihre Verbündeten in der NATO, seien es nun die europäischen Staaten oder die Türkei, kaum beeinflussen und handeln mehr oder weniger konsequent in unilateraler Perspektive.

Allem Anschein nach ist diese Auseinanderentwicklung keine bloß vorübergehende Episode in den amerikanisch-europäischen Beziehungen. Den aktiveren Part spielen hier die USA. Die gern und oft vorgenommenen Versuche, einzelnen Politikern die »Schuld« dafür anzulasten, wie wenig sie unserem Bild von einer reifen politischen Persönlichkeit auch entsprechen mögen, halten sich mit reinen Oberflächen-Phänomenen auf. Die entscheidende und schon seit mindestens einem Jahrzehnt zu beobachtende Entwicklung ist, um Thomas Jäger (2019) zu zitieren, das »Ende des amerikanischen Zeitalters«.

Bei der Gestaltung oder Umgestaltung der Weltordnung spielt gegenwärtig und in absehbarer Zukunft der transatlantische Westen *nicht* die entscheidende, jedenfalls keine von anderen Akteuren unbestrittene Rolle. Welche Rolle er tatsächlich spielt, ist noch nicht entschieden. Aber die Unentschlossenheit der Europäischen Union und der amerikanische Hang zu einem politischen Gemisch aus Unilateralismus und gleichzeitigem Rückzug aus welt(ordnungs)politischen Aufgaben (wie 2019 aus Syrien) stimmen Befürworter des transatlantischen Projekts eher melancholisch.

Die weltpolitische Klimaverschlechterung hat vielerlei Ursachen. Eine davon, und nicht die unwichtigste, ist das Fehlen einer dominierenden Ordnungsmacht oder eines einigermaßen stabilen Gleichgewichts zwischen den miteinander konkurrierenden Mächten, die sich selbst als Ordnungsmacht verstehen und von anderen Staaten auch so verstanden werden. Nach dem Wiener Kongress 1815 hat es für etliche Jahrzehnte ein »Konzert der europäischen Mächte« (Großbritannien, Frankreich, Russland, Österreich-Ungarn, Preußen) gegeben. Der Ausdruck »Konzert« besagt dabei, dass es bei aller Konkurrenz der Mächte eben doch ein diplomatisches und völkerrechtliches Regelwerk gab, das überdeutliche Missklänge in der Politik verhinderte. Zwischen 1945 und 1990 galt der Ost-West-Konflikt als Strukturkonflikt der Weltpolitik. Auch hier existierte spätestens seit den frühen 1960er-Jahren eine Konflikt regelnde Kommunikation zwischen den Antagonisten (*detente)*.

Etwas Ähnliches gibt es gegenwärtig nicht. Stattdessen die sich langsam mit gegenseitiger Aggressivität aufladende Konkurrenz zwischen den USA, die nicht mehr, und

China, das noch nicht die mit dem Status einer aktiven Weltordnungsmacht verbundenen Kosten zu übernehmen bereit sind, obwohl beide die ebenfalls mit diesem Status verbundenen Nutzeffekte für sich einheimsen möchten. Vor dem Hintergrund der vielen latenten und manifesten Gewaltkonflikte, der Schwächung vieler Staaten, der weiterhin dynamischen Globalisierung und der Entwicklungssprünge in der Rüstungstechnologie ist das eine ziemlich brisante weltpolitische Konstellation.

Prekäre Sicherheit

Die weltpolitische Klimaverschlechterung hält nun schon einige Zeit an, und es ist kaum anzunehmen, dass sie uns nicht auch in den nächsten Jahren behelligen wird. Das hat beträchtliche Auswirkungen auf die inneren Verhältnisse der Staaten und auf die zwischenstaatlichen Beziehungen – beides verknüpft durch die mehr oder weniger alle Lebensbereiche und sozialen Zusammenhänge verändernde Globalisierung. In einer solchen Zeit klingen politische Zielkonzepte wie *Frieden* und die ihn anstrebende *Friedenspolitik* geradezu utopisch. Gewiss, in Politikerreden wird der Frieden als Ziel der eigenen Politik immer neu beschworen. Und nach wie vor wird viel über seine Voraussetzungen nachgedacht. Dies zumindest ist auch gut so. Aber wenn es zur Sache geht, hält man sich heute eher an realistischere und pragmatisch ausgerichtete Konzepte wie *Sicherheit* und *Sicherheitspolitik.* An den Universitäten sind neben die Friedensforschung, die sich jetzt häufig lieber »Konfliktforschung« nennt, als neue Teil- und Unterdisziplin die Sicherheitsstudien *(Security Studies)* getreten.

Selbstverständlich gehörte die Bereitstellung von Sicherheit, sei es soziale Sicherheit, wirtschaftliche Sicherheit, Rechtssicherheit und zuvörderst auch Sicherheit als militärischem Schutz immer schon zu den Kernaufgaben des modernen Staates. Und zu den schwierigsten. Je verlässlicher der Schutz gegen Unsicherheiten aller Art war, oder je erfolgreicher die Anstrengungen einer Staatsführung zur Abwehr von Sicherheitsbedrohungen waren, desto höher stiegen die Beliebtheitswerte von Regierung und des politischen Systems insgesamt. Und dies ungeachtet des Sachverhalts, dass Sicherheit auch nur einen Zielwert beschreibt, dem man sich allenfalls annähern kann. Vollständige Sicherheit gibt es nun mal nicht.

Seit vielen Generationen und trotz aller Globalisierung gilt auch heute der *Staat* als entscheidender und unersetzbarer Organisationsrahmen für die Herstellung von Sicherheit. Innenpolitisch sowieso, aber auch, was die Interessenvertretung gegenüber anderen Staaten und den Schutz vor Bedrohungen von außen angeht. Die Staatsführung kann sich mit anderen zusammentun und mit ihnen auf vielfältige Weise kooperieren, politisch, wirtschaftlich, auch militärisch. Jedoch sind solche Bündnisse, Allianzen und Unionen nur »auf Zeit« angelegt. Sie können auch wieder rückgängig gemacht werden oder zerfallen. Die Geschichte des britischen Austritts aus der Europäischen Union bietet ein (für viele schwer verdauliches) Beispiel für die Austrittsoption, die den Staaten in Bündnissen verbleibt und auf die sie zurückgreifen, weil anders die gesellschaftliche Verunsicherung innerhalb ihrer Bevölkerung zu groß zu werden droht. Manch einer hegt die Befürchtung, das Brexit-Drama könne der Beginn einer Zerfallsphase der Europäischen Union werden.

Der Brexit hat zwar mit militärischer Sicherheit nichts zu tun; ein britischer Rückzug aus der NATO liegt völlig außerhalb der Vorstellungskraft (außer vielleicht bei einer Handvoll linker Labour-Abgeordneter). Man sieht aber an diesem Beispiel, dass Sicherheit auf sehr unterschiedlichen Politikfeldern ein begehrtes Gut ist und dass gesellschaftliche Verunsicherungen auch ohne direkte militärische Bedrohung die Politik einer Regierung nachhaltig beeinflussen können.

Sicherheit als Schutz und Verteidigung

Bleiben wir bei den Aspekten von Sicherheit, die vor allem auch militärischer Mittel bedarf. Dabei handelt es sich um Sicherheit vor organisierter physischer Gewalt. Aber auch gegen ihre Androhung seitens eines anderen Staates (vielleicht gar mehrerer) oder eines die eigene Staatlichkeit oder Gesellschaftsordnung attackierenden, nicht staatlichen Akteurs muss man militärisch glaubwürdig gewappnet sein. Auf die Glaubwürdigkeit kommt es an. Es braucht absehbar wirkungsvolle Schutzmaßnahmen und Schutzinstrumente, um solchem Druck standhalten zu können (neuerdings »Resilienz« genannt) und seine Quellen zu verschließen.

In einer idealen Welt mit allseitiger Kooperation und dem gemeinsamen Vertrauen aller Staaten und Völker in die Vorteilhaftigkeit der bestehenden weltpolitischen Ordnung brauchte es solche Maßnahmen und Instrumente nicht. Es würde ja alles friedlich sein. Überflüssig zu sagen, dass es diese ideale Welt nicht gibt und auf absehbare Zukunft auch nicht geben wird.

In der papierenen Welt der allgemein gehaltenen Abkommen, der völkerrechtlichen Verbote (zum Beispiel von Angriffskriegen) und der Institutionen, die wie der Sicherheitsrat der Vereinten Nationen oder der Internationale Strafgerichtshof in Den Haag Verstöße gegen solche Verbote verhindern bzw. ahnden sollen, herrscht ein geschäftiges Treiben. Nutzlos ist das nicht. Aber auch lange nicht so erfolgreich, wie es der Wortlaut von regierungsamtlichen Absichtserklärungen, Kommuniqués und von Resolutionen internationaler Gremien vorspiegeln. Gewiss wird auf Pressekonferenzen von Politikern in wässriger Sprache vor einem riesigen Aufgebot von Journalisten mit und ohne Kamera gerne beteuert, dass man ehrlich und angestrengt nach gewaltfreien Konfliktlösungen suche. Nicht immer ist das jedoch wirklich ehrlich gemeint, einer der Hauptgründe, warum Friedensverhandlungen oft so ausgehen wie das Hornberger Schießen. Papier ist geduldig.

In der Welt der Realpolitik geht es erheblich rauer zu. Da sind alle Staaten zunächst einmal sich selbst am nächsten. Ihr Führungspersonal trägt die Verantwortung für den Schutz der eigenen Bevölkerung, des eigenen Territoriums und der eigenen gesellschaftlichen Ordnung. Für das Papier, auf dem die Staats- und Regierungschefs dem Verbot jeglicher militärischen Gewaltanwendung – außer in dem Notfall der Selbstverteidigung, wie es die UNO-Charta von 1945 (Artikel 2, Ziffer 4 und in Artikel 51) festlegt –, ihrer glühenden Zustimmung versichern, sind inzwischen schon etliche Wälder draufgegangen. Vergebens, wie die große Zahl der zwischen- und innerstaatlichen Kriege in den letzten 75 Jahren zeigt. Das waren ja, schon rein logisch betrachtet, keine Auseinandersetzungen, in denen alle beteiligten Kontrahenten nur sich selbst verteidigten. Das Verbot des Einsatzes militärischer Gewalt zu anderen Zwecken als den der (auch nur bis zu Maßnahmen des Sicherheitsrates erlaubten) Selbstverteidigung hört sich strikt und eindeutig an. Angesichts konkreter und zuweilen wie gordische Knoten verwickelter Konfliktlagen verliert es aber viel von seiner Eindeutigkeit. Außerdem verfügen die Staaten über mehr oder weniger effektive Propaganda-Apparate, um den eigenen Einsatz von Streitkräften als Selbstverteidigung hinzustellen, selbst wenn dadurch die wahren Sachverhalte auf den Kopf gestellt werden. Kämpfe um die Deutungshoheit über politisch-militärisches Vorgehen und *Fake News* hat es schon immer gegeben.

Als der damalige Verteidigungsminister Struck (SPD) den Einsatz der Bundeswehr in Afghanistan vor dem Bundestag rechtfertigte, das war im März 2004, variierte er einen bereits zwei Jahre zuvor von ihm in die Debatte geworfenen Satz und sagte: »Unsere Sicherheit wird nicht nur, aber auch am Hindukusch verteidigt.« Ein unscheinbarer, aber inhaltsschwerer Satz. Denn er illustriert den Spagat, um den staatliche Sicherheitspolitik heutzutage nicht herumkommt: Die Verteidigung gegen eine Bedrohung kann sich nicht damit begnügen, die Außengrenzen zu schützen. Vielmehr können solche Bedrohungen in ganz anderen Räumen ihren Schwerpunkt haben und dennoch auf den eigenen Staat, die eigene Gesellschaft übergreifen, so dass es sinnvoll sein kann, sie am Ort ihrer Entstehung zu neutralisieren. Das bedeutet aber nichts anderes, als dass alle Schritte bei der Herstellung von Sicherheit immer komplizierter geworden sind. Von der Beurteilung der Sicherheitslage und den Entscheidungen über die wirksamste Ausrüstung und Bewaffnung der Streitkräfte sowie der Absprachen mit anderen Akteuren im Rahmen von Bündnissen und im UNO-Rahmen bis hin zur Entscheidung, ob überhaupt und, wenn ja, mit welchem genau definierten Auftrag und in welcher Größenordnung, Streitkräfte »zur Verteidigung der eigenen Sicherheit« in Krisengebieten zum Einsatz kommen.

Realpolitik versus Idealpolitik

Die inzwischen schon recht zahlreichen Auslandseinsätze der Bundeswehr verfolgen in aller Regel aber nicht die »Verteidigung der eigenen Sicherheit« als oberstes und direktes Ziel, sondern ordnen sich ein in eine Art multinationale Mission im Namen und Auftrag der »internationalen Gemeinschaft«. Dieser herzerwärmende und bei Journalisten und Völkerrechtlern gleichermaßen beliebte Begriff bezeichnet, grob gesprochen, die gesamte Mitgliedschaft der Vereinten Nationen. Ihn umschwebt die Aura einer rechtlichen, moralischen und politischen Verantwortung für die Verstöße gegen das Gewaltverbot des Artikel 2 der UNO-Charta, für wirksame Unterstützung bei Natur- und sonstigen Katastrophen mit vielen Betroffenen und für die Überwindung allzu deutlich gegen die Menschenrechte verstoßende Regime (wie etwa seinerzeit das Apartheid-Regime in Südafrika). Dass alle Mitgliedsregierungen der Vereinten Nationen diese Verantwortung in gleichem Maße verspüren, die gleiche Hilfsbereitschaft bei Katastrophen zeigen und dass sie allesamt repressive Regime verabscheuen, davon kann freilich keine Rede sein. Viele von ihnen sind selbst repressiv und verstoßen gegen die Menschenrechte und völkerrechtliche Normen. »Internationale Gemeinschaft«

ist also ein inhaltlich weitgehend entleerter Begriff, wovon es, nebenbei gesagt, in der politischen Sprache gar nicht wenige gibt.

Die Machtübernahme repressiver Regime und die Handlungen der Diktatoren zur Konsolidierung ihrer Macht sind nicht die einzige, aber eine wichtige Ursache für Krisen und gewaltsame Konflikte. Die Globalisierung hat unter anderem bewirkt, dass es sehr schwer, in den meisten Fällen ganz unmöglich geworden ist, die von solchen Krisen und Konflikten ausgehenden Destabilisierungswellen lokal oder regional zu begrenzen. Manche Machthaber, wie die Familiendynastie der Kims in Nordkorea (seit 1948 an der Macht), schaffen das mit Glück und einigem Geschick. Aber in der Regel haben die Krisen der Gegenwart, vor allem wenn sie schon in das Stadium gewaltsamer Konflikte mit vielen Kriegsgräueln eingetreten sind, auch Auswirkungen auf andere Regionen und Kontinente. Die Bilder von Massakern, weltweit verbreitet, rufen humanitäre Nichtregierungsorganisationen (NGO) mit Hilfseinsätzen auf den Plan. Viele der in den Konflikten um ihren Lebensunterhalt und ihre Lebensperspektiven gebrachten Menschen verlassen das Land und suchen nach einer sicheren Bleibe, die Mehrzahl von ihnen in den benachbarten Ländern, aber viele auch weiter weg in den reichen und demokratischen Ländern. Welche widersprüchlichen Folgen solche Migrationswellen in diesen Ländern haben, erleben wir täglich. Und selbstverständlich finden sich unter den friedlich gesonnenen Migranten auch Terroristen und Kriminelle, die an den Grenzen gar nicht oder nur mühevoll identifiziert werden können. Sind sie einmal durchgerutscht, können sie beträchtliche Schäden anrichten.

Wenn man diese Entwicklungen, wofür es nun wirklich gute Gründe gibt, auch als indirekte Bedrohungen der *eigenen* Sicherheit betrachtet, dann gewinnen die politisch-militärischen Überlegungen und Ansätze zur Eindämmung lokaler Krisen und gewaltsamer Konflikte in den weit ab von solchen Konflikten gelegenen Staaten auch eine real-, das heißt machtpolitische Dimension. Die oben zitierte Formulierung des ehemaligen Verteidigungsministers Peter Struck klingt zwar zunächst etwas irritierend, denn Verteidigung findet vornehmlich an den Grenzen des eigenen Staates statt (es sei denn, man verwendet den Begriff rein militärisch-operativ). Außerdem verteidigen Staaten eigentlich auch nicht ihre Sicherheit, sondern ihre Staatsbürger, ihr Territorium und ihre Gesellschaftsordnung. Weniger verschwurbelt hätte es sich angehört, wenn Struck »Deutschlands Sicherheit wird auch am Hindukusch bedroht« gesagt hätte. Was man dann, sofern dieses Urteil als zutreffend beurteilt wird, gegen solch eine Bedrohung unternimmt, muss klug überlegt werden. Zumal in den letzten 30 Jahren die Zahl der weit von Deutschland entfernt liegenden Regionen nicht geringer geworden ist, von denen Bedrohungen von Deutschlands Sicherheit ausgehen. Mal stärker, mal schwächer, mal direkt und mal indirekt. Fazit: Deutschland tut wie jeder andere Staat gut daran, seine Sicherheitspolitik global auszurichten.

Das wird in der Regel auch versucht, mehr oder weniger geschickt. Allerdings nicht immer auf der Basis realpolitischer Lageanalysen, sondern oft, weil sie insbesondere in Deutschland innenpolitisch dem ideal- oder moralpolitischen Druck kosmopolitischer und humanitärer Nichtregierungsorganisationen ausgesetzt sind. Deren Forderungen nach einem Eingreifen in Konflikte weit *out of area* (außerhalb des Territoriums der NATO-Staaten) haben weniger mit der eigenen Sicherheit, sondern mehr mit der Sicherheit der bedrängten, unterdrückten, heftiger lokaler Gewalt ausgesetzten Menschen an diesen Konfliktorten zu tun (*Human Security* lautet der Fachbegriff). Ideal- oder Moralpolitik ist, nach Max Weber, Politik aus einer bestimmten Gesinnung heraus. Humanitäre Gesinnung verdient zweifelsohne Respekt. Das Problem dabei ist nur, dass sie häufig die Kosten, die mit ihrer Durchsetzung verbunden sind, vernachlässigt.

Friedensmissionen

Nach dem Ende des Ost-West-Konflikts schien es eine Weile so, als würden staatlich kalkulierte Machtpolitik und zivilgesellschaftlich geforderte Moralpolitik auf wundersame Weise Hand in Hand gehen – es war dies die große Zeit der »humanitären Intervention«, der »Agenda für den Frieden«. Letztere wurde von dem UNO-Generalsekretär Boutros Boutros-Ghali im Juni 1992 veröffentlicht und erhielt viel internationale Zustimmung. Das von ihm vorgeschlagene Maßnahmen-Paket begann mit Überlegungen zur Krisenprävention *(vorbeugende Diplomatie)* mit dem Ziel, Spannungen zu vermindern, indem ihre Ursachen beseitigt werden. Bei schon aufgebrochenen Konflikten sollten unter Leitung der Vereinten Nationen zunächst nichtmilitärische, notfalls aber auch militärische Maßnahmen ergriffen werden können, um von aggressiven Handlungen abzuschrecken oder ihnen Widerstand entgegenzusetzen *(friedensschaffende Maßnahmen).* Ist der Konflikt auf diese Weise eingedämmt, sollten multilaterale Blauhelm-Einsätze den Waffenstillstand sichern *(Friedenssicherung).* Anschließend sollte eine Art Konfliktnachsorge einsetzen, etwa die Entwaffnung der Kriegsparteien, die Rückführung von Flüchtlingen, politische Schritte zur Versöhnung der Konfliktparteien und Hilfe beim wirtschaftlichen Wiederaufbau *(Friedenskonsolidierung).*

Diese Vision einer überall, wo es nötig werden würde, die Sicherheit von Menschen vor Gewalt und Elend multilateral wiederherstellenden »internationalen Gemeinschaft«, die sich dabei auf das zivilgesellschaftliche Engagement humanitärer Nichtregierungsorganisationen stützen kann, wurde aber schon in den 1990er-Jahren zerrupft: Im Irak, in Somalia, im ehemaligen Jugoslawien, in Ruanda, im Kongo, in Haiti und an weiteren Schauplätzen von Kriegen und Bürgerkriegen. Das lag nicht zuletzt daran, dass drei zusammenhängende und durch nichts ersetzbare Voraussetzungen für ihren Erfolg fehlten.

Erstens waren die Vereinten Nationen und andere großregionale Organisationen, wie etwa die Organisation über Sicherheit und Zusammenarbeit in Europa (OSZE), für sich allein nicht handlungsfähig, sondern blieben auf die politischen Entscheidungen der Staaten und deren materiellen und finanziellen Input angewiesen. Nur wenn diese sich entschlossen zeigten, ein entsprechendes Mandat der UNO anzunehmen, konnte eine Friedensmission beginnen.

Zweitens standen bei allen Staaten, wenn sie entschieden, an solchen Missionen teilzunehmen oder eben nicht teilzunehmen, die nationalen Interessen im Vordergrund. Immer. Man konnte in solchen Entscheidungsprozessen sehr unterschiedliche Ziele miteinander kombinieren:

Regierungen wollten gegenüber der Zivilgesellschaft im eigenen Land ihr Image aufhellen; verbündete Staaten wollten ihre Handlungsfähigkeit als Allianz betonen; in dem Zielland der Mission galt es, ökonomische Verbindungen aufzubauen usw. Nichts davon ist an und für sich zu verurteilen. Aber es versteht sich von selbst, dass die tatsächlich getroffenen Entscheidungen, an einer Friedensmission teilzunehmen, jedenfalls *nicht* auf idealistische und moralische Motive zurückzuführen waren.

Drittens muss schließlich ganz nüchtern festgestellt werden, dass auch die reichsten und am meisten hilfsbereiten Staaten es sich schlicht und einfach nicht leisten konnten, überall dort mit friedensschaffenden, friedenssichernden und friedenskonsolidierenden Maßnahmen einzugreifen, wo es nach den Kriterien der Vereinten Nationen eigentlich nötig gewesen wäre. Manche Konflikte wurden lange übersehen wie der um die Unabhängigkeit von Osttimor. Zwar berichteten die internationalen Medien, damals vor allem das Fernsehen, über viele solcher Konflikte, aber ohne den Druck wirkungsvoll agierender, nationaler und internationaler Nichtregierungsorganisationen, die den politisch Verantwortlichen moralisch Dampf machen, bestimmten Passivität und Trägheit die öffentlichen Reaktionen.

Internationale Schutzverantwortung und Kampf gegen internationale Terrornetzwerke

Unter dem Eindruck, dass die Praxis von humanitären Interventionen und Friedensmissionen in den 1990er-Jahren weit hinter den Erwartungen zurückblieb, erarbeitete eine von den Vereinten Nationen eingesetzte Kommission um die Wende vom 20. zum 21. Jahrhundert einen Bericht mit Lösungsvorschlägen. Diese propagierten den Grundsatz, dass der Schutz von Menschen zwar in erster Linie Aufgabe des Staates sei, in dem sie leben, dass jedoch, wenn sich dieser Staat als unfähig oder unwillig erweist, solchen Schutz zu gewähren, diese Verantwortung an die internationale Gemeinschaft übergeht. Das ansonsten hohe Priorität genießende Prinzip der Nichteinmischung in die inneren Angelegenheiten fremder Staaten wäre damit außer Kraft gesetzt. Der Bericht unterstreicht allerdings auch, dass diese internationale Schutzverantwortung *(Responsibility to Protect,* abgekürzt als *»R2P«)* nur in äußersten Notfällen zu militärischem Eingreifen führen sollte, nachdem alle anderen Möglichkeiten sich als ungenügend erwiesen hätten.

Dieser Kommissionsbericht wurde im Dezember 2001 veröffentlicht, was sich rückblickend als ein unglücklich gewähltes Datum herausstellen sollte. Denn seit Mitte September jenes Jahres, seit 9/11, wurde allüberall in der Welt über Sicherheit fast nur noch unter dem Gesichtspunkt der Bekämpfung des internationalen Terrorismus diskutiert. Als Folge davon verschob sich der Sicherheitsdiskurs ein großes Stück weit aus der ideal- und moralpolitischen Dimension in die der Real- und der Machtpolitik. Aus diesem Zusammenhang heraus ist die Struck-Äußerung über Deutschlands Sicherheit gefallen. Eine der ersten und dann, wie sich herausstellte, ziemlich kostspieligen und nur unterdurchschnittlich erfolgreichen Reaktionen auf die Anschläge von New York und Washington am 11. September 2001 war die von der NATO als Bündnisfall mitgetragene Entscheidung der US-Regierung, die Anführer von al-Qaida in ihren Verstecken in Afghanistan aufzuspüren und zu liquidieren. Weil sich die Taliban-Führung in Kabul von Osama bin Laden und seinen Mitterroristen nicht distanzierte, wurde sie als deren Komplize eingestuft, der deshalb ebenfalls zu bestrafen sei. Die multinationale Intervention in Afghanistan datiert vom frühen Oktober 2001. Wenig später beteiligte sich auch die Bundeswehr daran. »Unsere Sicherheit wird auch am Hindukusch verteidigt.«

Das Drama des Afghanistan-Krieges, der in Deutschland lange nicht Krieg genannt werden sollte, war er doch in der offiziellen Sprache lediglich ein Stabilisierungseinsatz, legte langsam, aber unbarmherzig die Defizite deutscher Sicherheitspolitik und der Streitkräfte-Organisation bloß. Afghanistan entwickelte sich, alles in allem, zu einem Debakel für den Westen, von dessen großen Versprechungen für das Land bis heute kaum eine eingelöst wurde.

Afghanistan wurde aber, obgleich das zunächst paradox anmutet, auch zu einem Debakel für die internationale Schutzverantwortung. Denn gerade jene zunächst hochgelobten zivilen Maßnahmen zur Hilfe für die Bevölkerung, der Bau von Schulen, Bildungsangebote für Mädchen, der Bau von Bewässerungsanlagen, die Versuche, den Mohnanbau zur Drogenproduktion durch Getreide- und Gemüseanbau zu reduzieren, die Bekämpfung von

Kriminalität und Korruption usw., all das gelangte über Ansätze nicht hinaus. Was heute aufgebaut wurde, war in ein paar Wochen oder Monaten wieder zerstört oder unbrauchbar. Es passte nichts zusammen. Bis heute.

Sudan, Elfenbeinküste, Mali, Libyen, Syrien – das sind nur Beispiele für Schauplätze gewaltsamer Konflikte, bei denen sowohl die idealistischen Konzepte für humanitäre Intervention und die internationale Schutzverantwortung als auch die realistischen Konzepte der Konflikteindämmung sicherheitspolitisch versagt haben. Es gibt vor Ort so gut wie keine Fortschritte für die Sicherheit der betroffenen Menschen. Und es ist auch nicht gelungen, die von diesen Konfliktorten ausgehenden Gefährdungswellen für unsere Sicherheit in Deutschland und Europa zu neutralisieren. Von Krisenprävention wollen wir gar nicht erst reden, nicht in diesem Kapitel jedenfalls.

Verlorene Hoffnungen

Sicherheit in der globalisierten Welt der Gegenwart ist zu einer knappen Ressource geworden. Und prekär ist sie auch, weil sie von ganz unterschiedlichen Seiten und mit ganz verschiedenen Methoden, keineswegs nur traditionell militärischen, unterminiert werden kann. Die Methoden zur Stabilisierung müssen auf die neuartigen Gefährdungen zugeschnitten werden. Besonders weit sind die meisten westlichen Regierungen damit noch nicht gekommen.

An die optimistischen Konzepte der 1990er-Jahre über Sicherheitsgewinne und die Ausbreitung des Friedens überall auf der Welt denkt man heute melancholisch und kopfschüttelnd zurück – sie haben sich nicht bewährt, weil sie und ihre Handlungsvorschläge auf Voraussetzungen beruhten, die damals kaum erfüllt waren. Heute sind sie es noch weniger.

Noch auf einer anderen Ebene müssen wir uns eingestehen, dass die Sicherheitshoffnungen aus der Zeit, als der Ost-West-Konflikt zu Ende gegangen war, nicht von Bestand gewesen sind. Die nuklearen Rüstungen der Vereinigten Staaten und der Sowjetunion (fortgeführt von Russland) waren durch mehrere Rüstungskontrollabkommen und in der nuklearstrategischen Grundfigur der gegenseitigen Abschreckung miteinander verklammert und geopolitisch behutsam ausbalanciert. Die nuklearen Rüstungen anderer Staaten (China, Indien, Pakistan, Frankreich, Großbritannien) gefährdeten diese Balance nicht. In den letzten Jahren wurde das eine oder andere Mal versucht, eine Dynamik zur Reduzierung nuklearer Rüstungen in Gang zu setzen. US-Präsident Obama proklamierte sogar die Idee einer nuklearwaffenfreien Welt *(»Global Zero«)*. Das war entweder reines Wunschdenken oder kalkulierte Anbiederung an die politikferneren unter seinen Bewunderern im In- und Ausland (worunter auch das Komitee zur Verleihung des Friedensnobelpreises zählte, der ihm in seinem ersten Amtsjahr 2009 zugesprochen wurde). Das nukleare Wettrüsten zwischen den USA und Russland – dabei geht es nicht nur um die Sprengköpfe, sondern auch um Trägermittel und Steuerungsmethoden – verlangsamte sich, kam aber niemals zum Stillstand.

Allerdings standen in den letzten Jahrzehnten nicht nur die bipolaren Bedrohungsszenarien im Vordergrund. Die nuklearen Optionen des aufstrebenden China, die scheinbare Unberechenbarkeit des nordkoreanischen Regimes und der nukleare Ehrgeiz des Iran müssen von den beiden Staaten ebenfalls in Rechnung gestellt werden. Und die Rechnungen Russlands unter Putin sehen anders aus als die der US-Präsidenten Obama und Trump. Die beiden wichtigsten Nuklearmächte werfen sich seit längerem vor, bestehende Rüstungskontrollabkommen zwischen ihren Ländern zu missachten. Folgerichtig wurde erst der ABM-Vertrag (weitgehendes Verbot von Antiraketen-Raketen) aufgekündigt, und seit dem Sommer 2019 haben sich beide Mächte auch vom INF-Vertrag verabschiedet. Gerade dieser aber war von großer strategischer Bedeutung für Europa, denn die darin vereinbarte Vernichtung aller landgestützter Flugkörper mit einer Reichweite von 500 bis etwa 5000 km schaffte eine speziell gegen Europa gerichtete Bedrohungsoption der Sowjetunion nach 1992 Russlands aus der Welt.

Zwar sind gegenwärtig nach wie vor zahlreiche Verträge und Abkommen zwischen Staaten über ihren Verzicht auf Nuklearwaffen und über atomwaffenfreie Zonen in Kraft. Dennoch sehen die Aussichten für eine Rüstungskontrolle *top down* ziemlich mau aus. Auch wenn ein Militäreinsatz von Nuklearwaffen aktuell nicht zu befürchten ist, gibt es doch keine große Zuversicht bezüglich ihrer langfristig erfolgreichen diplomatischen Zähmung.

Kriegsformen und Kriegsführung

Die ersten beiden Jahrzehnte des 21. Jahrhunderts blieben geprägt von zahlreichen Krisen und Konflikten zwischen Staaten und zwischen organisierten Gruppen innerhalb von Staaten. Bei vielen von ihnen kam es zum Einsatz organisierter Gewalt. Überschreitet diese ein gewisses, von den meisten Kriegsforschern nicht sehr hoch angesetztes Maß an Intensität und Dauer, spricht man von *Krieg.* In kriegerischen Auseinandersetzung geht es den beteiligten Akteuren um ihre materiellen oder ideellen Interessen, die sie unter Inkaufnahme von Toten und Verwundeten auch auf der eigenen Seite und von Zerstörungen materieller Güter und Infrastruktur durchsetzen wollen. Kriege hat es schon immer gegeben, jedenfalls solange es in Gruppen zusammenlebende Menschen gibt, die sich gegenseitig in die Quere kommen. Die Grundfigur des Krieges ist gleich geblieben. Was sich im Laufe der Zeit hingegen immer wieder geändert hat, sind die Kriegstypen, Kriegsformen und Kriegsbilder, alle abhängig von den äußeren (zum Beispiel geografischen) Umständen der Kriegsparteien, ihrem kulturellen Hintergrund und *last but not least* ihren Waffen und sonstigen Ausrüstungsgegenständen.

Während des Ost-West-Konflikts, wie er sich nach 1945 entwickelt hat, bestimmten zunächst die Kriegserfahrungen aus dem Zweiten Weltkrieg die Vorstellungen der Militärplaner. So wurde die Bundeswehr in den frühen 1950er-Jahren als eine Streitmacht geplant, die fähig ist, auf breiter Front angreifende feindliche Panzerverbände aufzuhalten und zurückzuschlagen. Dies freilich nicht im Alleingang, sondern gemeinsam mit den Streitkräften verbündeter Nationen, die auf westdeutschem Boden stationiert waren oder rasch nachgeschoben werden konnten. Ergänzt und bald gewissermaßen überwachsen wurde diese Vorstellung von der amerikanischen Nuklearstrategie, die in der Hauptsache darauf hinauslief, dass der Gegner durch Nuklearwaffen größeren und kleineren Kalibers von einem Angriff abgeschreckt werden sollte.

Die Aufgaben der Bundeswehr, die über keine eigenen Nuklearwaffen verfügte, wurden in dieser Konstellation etwas komplexer, änderten sich jedoch nicht grundlegend. Seit es Nuklearwaffen und biologische sowie chemische Massenvernichtungsmittel (ABC-Waffen) gibt, hat sich die Bezeichnung *konventioneller Krieg* für gewaltsame Auseinandersetzungen nach dem Muster der beiden Weltkriege und der Kriege davor eingebürgert. Konventionelle Kriegsführung wird unterschieden von der bislang zum Glück virtuell gebliebenen *Nuklearkriegsführung* und von einer insbesondere in den Entkolonialisierungskriegen nach 1945 weiterentwickelten Kriegsform, dem *Guerillakrieg.* Alle drei Kriegsformen sind nicht strikt voneinander getrennt, sondern gehen operativ und strategisch je nach Lage in den militärischen Planungen ineinander über.

Diese drei Kriegsformen und ihre Verknüpfung bestimmten die meisten sicherheitspolitischen und militärstrategischen Überlegungen der Experten zwischen 1945 und dem Ende des Ost-West-Konflikts. Wobei, das sei nur am Rande bemerkt, in der Bundeswehr, sozusagen aus nicht gegebenem Anlass, über den Guerillakrieg nur wenig nachgedacht wurde. Und wenn, dann eher unter dem Schatten der Erinnerung an die Partisanenbekämpfung in den beiden Weltkriegen.

Nach 1990 wurde dann rasch unübersehbar, dass die herkömmlichen Konzepte zur Erklärung der Kriegsführung nicht mehr ausreichten und ergänzt werden mussten. In den sogenannten *Neuen Kriegen* in Afrika oder im ehemaligen Jugoslawien entfielen eine ganze Reihe von bislang (außer im Guerillakrieg) geltenden Merkmalen der Kriegsführung. Geschwächte Regierungen und ihre regulären Streitkräfte hatten es nun mit Gewaltakteuren zu tun, etwa lokalen Warlords, privaten Söldnereinheiten (rein geschäftsmäßig orientiert oder als verlängerter Arm organisierter Kriminalität) und blutrünstigen, weil religiös oder ethnisch fanatisierten Schlägertruppen. Die Vorschriften des humanitären Völkerrechts blieben dabei weitgehend auf der Strecke, vor allem auch die wesentliche Unterscheidung zwischen Zivilisten und Soldaten, zwischen Kombattanten und Nichtkombattanten.

Die in der Regel auf den Territorien fragiler, de facto bereits gescheiterter Staaten stattfindenden gewaltsamen Auseinandersetzungen erzeugen nicht nur ein lokales und regionales Chaos, sondern verursachen auch horizontal weit ausgreifende Destabilisierungswellen. Die medial in alle Welt übermittelten Bilder solcher Kriege lösen moralisch motivierte Hilfsimpulse aus, die sich in den nationalen und internationalen humanitären Nichtregierungsorganisationen verdichten. Gleichzeitig erscheint das Destruktionspotenzial solcher Kriege für die dichter und störungsanfälliger gewordenen Welthandels- und anderen Beziehungen durchaus als bedrohlich. Es gibt also zwei Motivstränge für das Eingreifen internationaler militärischer Kräfte zwecks Deeskalation lokaler Kriege. Sie treffen auf die oben kurz skizzierten verworrenen Kampflagen. Und machen sie in gewissem Sinne noch verworrener. Deswegen hat man, was zunächst als »Neue Kriege« bezeichnet wurde, auch *asymmetrische Kriege* genannt. Damit wird ausgedrückt, dass in vielen militärischen Konfrontationen die auf Gewalt zurückgreifenden Akteure ganz unterschiedlichen Status haben (Staaten *versus* nicht staatliche Gruppen) und sich nicht als Gleiche anerkennen; dass sie mit ganz unterschiedlicher Bewaffnung ausgerüstet sind (hochtechnologische Waffensysteme versus einfache Feuerwaffen) und entsprechend operativ unterschiedlich vorgehen; dass die regulären Streitkräfte (eigentlich) an verbindliche Kriegsregeln gebunden sind, die von den anderen nicht eingehalten werden.

Die Kriege in Afghanistan, im Irak und Syrien, aber auch die weitab von den Einsatzorten koordinierten Drohnenangriffe auf bestimmte, als Terroristen identifizierte Personen, zum Beispiel im Jemen, können als Musterbeispiele für asymmetrische Kriegsführung gelten.

Ein ähnlicher, heute häufiger gebrauchter Begriff zur Kennzeichnung von unübersichtlichen, nicht zu den Ablaufmustern herkömmlicher Kriege passenden Kriegsführung ist der *hybride Krieg*. Er bezeichnet nicht so sehr die alle Kriegsakteure einbeziehende Gesamtkonstellation einer Auseinandersetzung, vielmehr die (einseitige) bewusste Kombination ziviler und militärischer, regulärer und irregulärer Instrumente, die Verschleierung eindeutiger Verantwortlichkeiten für Kampfhandlungen und nicht zuletzt auch den massiven Einsatz von Propaganda- und Manipulationsmedien mit dem Zweck der politischen Absicherung des Vorgehens. Das Beispiel für ein solches Vorgehen ist die hybride Kriegsführung Russlands in der Ost-Ukraine nach erfolgter Annexion der Krim 2014. Alle diese Begriffe bleiben etwas ungenau und sind nicht ganz eindeutig definierbar. Manche ihrer Merkmale gab es schon früher. Wie häufig bei komplexen Sachverhalten vermischen sich alte und neue Elemente – man muss beides in Rechnung stellen, um sie plausibel erklären zu können.

Zuletzt muss noch eine besondere Entwicklung moderner Kriegsführung angesprochen werden, die sich von den bislang erwähnten Neuerungen dadurch unterscheidet, dass sie, um erfolgreich zu sein, nicht auf physische Gewalt zurückzugreifen braucht: *Cyber Warfare.* Es geht dabei um den Einsatz spezieller Software zur Störung, Lahmlegung oder sogar Umprogrammierung von Informations-, Kommunikations- und Steuerungssystemen staatlicher und nicht staatlicher Gegner. Je tiefer eine Gesellschaft ihre Funktionsabläufe digital verankert hat, desto destruktiver können Cyberattacken sein. Im Westen wurde man im Jahr 2007 erstmals richtig aufgeschreckt, als Estland das Ziel einer (offenbar russischen) Cyberattacke wurde.

Die digitale Gefährdung der Sicherheit einer Gesellschaft wird gegenwärtig von Experten in vielen westlichen Ländern als so groß angesehen, dass die für die Verteidigung zuständigen Ministerien mit ernsthaften Anstrengungen begonnen haben, erhebliche Mittel aus ihren Etats für den Aufbau sogenannter Cybertruppen einzusetzen. Die NATO hat in Tallinn, der Hauptstadt von Estland, ein Kooperationszentrum für Cyberverteidigung eingerichtet. In der Bundeswehr gibt es seit dem Frühjahr 2017 ein Kommando »Cyber- und Informationsraum« (CIR). Es befindet sich derzeit noch in der Aufbauphase. Im Jahr 2021 sollen ihm etwa 13 500 Zivilisten und Soldaten unterstehen.

Hybrider Krieg und Cyberattacken gründen ihr Destruktionspotenzial nicht allein auf physische Gewalt, sondern auf eine Mischung physischer Gewalt und Zersetzung ziviler Infrastruktur. Die traditionellen Kriegsformen werden dadurch nicht etwa obsolet, ganz im Gegenteil. Zeitgemäße Sicherheitspolitik muss deshalb auf alle Kriegsformen vorbereitet sein.

Als Fazit der weltweiten politisch-militärischen Entwicklung der letzten Jahrzehnte kann festgehalten werden, dass die Konzepte multinationaler Krisenprävention mit ihren demokratiefördernden und humanitären Komponenten weitgehend gescheitert sind. Außerdem hat sich das Bedrohungsspektrums durch technologische und politische, die Trennung zwischen zivil und militärisch weitgehend aufhebende Entwicklungen breit aufgefächert. Und trotz enormer Rüstungsausgaben staatlicherseits sind die Möglichkeiten der Bedrohung durch nicht staatliche Akteure (die zuweilen unauffällig im Schutz staatlicher Agenturen handeln) nicht geringer geworden. Es ist deshalb eine prekäre Sicherheitssituation zu konstatieren!

Die NATO und die Sicherheit Europas

Auch dies will heute nicht mehr recht zusammenpassen – europäische Sicherheit und das ziemlich unübersehbar von den USA dominierte Verteidigungsbündnis der NATO. Dabei wurde die NATO 1949 zum Schutz der westeuropäischen Staaten gegründet. Den allem rhetorischen Pathos entkleideten machtpolitischen Gründungszweck fasste der erste NATO-Generalsekretär, der Brite Lord Ismay, in lakonischer Kürze so zusammen: *To keep the Americans in, to keep the Russians out and to keep the Germans down.* Etwas langatmiger übersetzt: Die USA sollten Westeuropa helfen, sich der sowjetischen Bedrohung zu erwehren und gleichzeitig darüber wachen, dass die im gleichen Jahr wie die NATO gegründete Bundesrepublik Deutschland militärisch nicht (wie ihre Vorläufer) so erstarken würde, dass die Nachbarn sich vor ihr fürchten müssten.

Aus heutiger Sicht mag diese Furcht vor einem sich wie ein bedrohlicher Phönix aus den Ruinen neu erhebenden deutschen Militarismus absurd erscheinen. Damals war sie, teils echt, teils kräftig propagandistisch überhöht, im übrigen Europa weit verbreitet. Zudem gab es 1949 noch gar keine westdeutschen Streitkräfte, wenn auch so gut wie sicher war, dass in der Tiefkühlphase des Kalten Krieges ein »westdeutscher Verteidigungsbeitrag« (so die Formulierung von Bundeskanzler Adenauer) durchaus im Interesse der anderen NATO-Mitgliedsstaaten lag. Denn die ungleichen Truppenstärken von Ost und West beiderseits des Eisernen Vorhangs rief nach Aufstockung der zahlenmäßig weit unterlegenen westlichen Streitkräfte. Daran sollte sich die Bundesrepublik beteiligen, allerdings unter bestimmten Einschränkungen wie dem Verzicht auf bestimmte Rüstungsgüter und unter der Voraussetzung, dass ihre Kampftruppen besonders fest in internationale Bündnisse integriert sein sollten, um die Gefahr nationaler militärischer Alleingänge von vornherein auszuschalten. Der erste Versuch einer solchen internationalen Integration war die ursprünglich 1950 von Frankreich vorgeschlagene, aber nach langen Verhandlungen 1954 dort auch wieder zu Fall gebrachte *Europäische Verteidigungsgemeinschaft* (EVG). Kurz darauf wurde als Plan B die Bundesrepublik Mitglied der NATO, der sie, etwas verkürzt ausgedrückt, ihre zu diesem Zeitpunkt erst in Planung befindlichen Kampftruppen unterstellte (assignierte). Und zugleich wurde sie Mitglied der *Westeuropäischen Union* (WEU), einem zweiten, nur aus westeuropäischen Mitgliedsstaaten bestehenden Verteidigungsbündnis, dessen militärisches Gewicht gegenüber dem der NATO sehr gering war. Seine politische Bedeutung bestand nicht zuletzt in der vertraglichen Kodifizierung einer Reihe von Rüstungsbeschränkungen für die Bundesrepublik. Die wichtigste darunter hat bis heute Bestand: der ausdrückliche Verzicht auf die Herstellung und den Besitz eigener Atomwaffen.

Die Furcht vor Deutschland verblasste im Lauf der folgenden Jahrzehnte, wenn sie auch nie völlig verschwand und zum Beispiel am Ende des Ost-West-Konflikts und in der Vorbereitungsphase der Vereinigung Deutschlands in manchen Kreisen Europas (*nicht* in den USA) zeitweise wieder Aufwind bekam.

Bruchlinien in der NATO

Mit dem Ende des Ost-West-Konflikts verlor die NATO ihre Funktion als militärischer Wächter gegenüber der Sowjetunion und deren in den Warschauer Pakt gezwängten mittel- und osteuropäischen Verbündeten. Die waren bekanntlich nicht ganz freiwillig Verbündete. Der Warschauer Pakt verschwand von der Bildfläche, und eine Reihe seiner früheren Mitglieder drängten, gemeinsam mit den ex-sowjetischen und seit 1991 wieder unabhängigen baltischen Staaten Litauen, Lettland und Estland, mit großem Nachdruck, in die NATO. Sie versprachen sich damit Schutz vor einer möglicherweise aggressiver werdenden Russischen Föderation. Dabei blickten sie vor allem auf die USA, denen sie einen effektiven Schutz zutrauten, während ihnen ein gleich hohes Zutrauen zu den westeuropäischen NATO-Mitgliedern fehlte, die, anders als die USA, ihre Militäretats einfroren oder zurückfuhren. So wird auch nachvollziehbar, warum die Regierungen dieser post-kommunistischen Staaten in den letzten Jahrzehnten, wann immer die europäischen und die amerikanischen Perspektiven der Militär- und Sicherheitspolitik auseinanderzudriften begannen, sich meist eher aufseiten der jeweiligen US-Administration stellten.

Ihren Daseinszweck büßte die NATO also noch lange nicht ein. Die Öffnung nach Osten machte sie im Gegenteil für die neu aufgenommenen Mitglieder wichtig. Nur wurde immer deutlicher, dass die NATO nicht als ein in sich harmonisches und auf einheitlicher Wertebasis beruhendes politisch-militärisches Bündnis angesehen werden kann. Dazu fallen die strategischen Interessen, die internen politischen Strukturen und die militärpolitischen Prioritäten der Mitgliedsstaaten zu verschieden aus. Lassen wir den etwas peinlichen Sonderfall der Türkei unter Präsident Erdogan einmal beiseite. Als der amerikanische Verteidigungsminister Rumsfeld, er war immer gut für zugespitzte Aussagen über europäische NATO-Verbündete, auf einer Pressekonferenz im Januar 2003 Frankreich und Deutschland als das »alte Europa« bezeichnete, dem er implizit ein »neues Europa« gegenüberstellte, unterschied er damit zwischen den Staaten Europas, die sich an der amerikanischen Invasion im Irak *nicht* beteiligen wollten, und den anderen, die sich dem irakischen Feldzug der USA gerne anschlossen. Das war die große Mehrheit. Bis auf Slowenien unterstützten alle post-kommunistischen Regierungen diesen Krieg. In den meisten Ländern, die an der US-geführten »Koalition der Willigen« gegen das diktatorische Regime Saddam Husseins beteiligt waren, setzte aber bald ein Katzenjammer ein, denn bekanntlich stimmten erstens die in Washington fabrizierten Begründungen für die Intervention nicht und zweitens war das durch sie angerichtete und bis heute anhaltende Chaos im Irak und der Region riesig.

In Deutschland nahmen einige Beobachter der politischen Szene das Fortbleiben Deutschlands und Frankreichs, auch Belgien schloss sich ihnen an, aus der »Koalition der Willigen« als Beleg für das Ende der transatlantischen Epoche (Schöllgen 2003). Bundeskanzler Schröder drängte damals auf eine engere sicherheitspolitische Kooperation der europäischen Staaten. Seiner Distanz gegenüber den USA entsprach nach dem Prinzip der kommunizierenden Röhren eine wenn auch vorsichtige Annäherung an die russische Politik unter Putin. Daraus ging bekanntlich auch eine jener merkwürdigen politischen »Männerfreundschaften« hervor, und Schröder zertifizierte den russischen Präsidenten 2004 zur allgemeinen Verwunderung als »lupenreinen Demokraten«.

Mit der Frage »Wie hältst Du es mit Russland?« wird die deutsche Außen- und Sicherheitspolitik in den folgenden Jahren immer mal wieder konfrontiert werden. Sie ist auch heute wieder von großer Bedeutung nicht nur für Deutschland, sondern die gesamte Europäische Union. Das liegt nicht zuletzt auch an der Politik der USA. Gerade in jüngster Zeit sind die Risiken und Nebenwirkungen der amerikanischen Vormundschaft in der NATO, dank der erratischen Politik von Präsident Trump, vielen Europäern schmerzlich bewusst geworden. Inzwischen haben sich die Meinungen deutlicher polarisiert.

Der amerikanische Beitrag zur Bildung der europäischen Gemeinschaft in den späten 1940er- und den 1950er-Jahren ist und bleibt ebenso unbestritten wie die Beihilfe der Administration von Präsident Bush sen. zur Vereinigung Deutschlands 1989/1990. Das fand vor dem Hintergrund des Ost-West-Konflikts in seiner kältesten Phase bzw. an seinem Ende statt. Danach entstand jedoch nicht eine durch enge transatlantische Kooperation gestützte liberal oder meinetwegen auch neoliberal (obwohl dieser Ausdruck inzwischen kaum noch anders denn als Schimpfwort auftaucht) geprägte internationalen Ordnung. Vielmehr entwickelte sich seit den 1990er-Jahren eine ziemlich volatile, durch vielfältige Konflikte charakterisierte und unübersichtliche Weltlage. In den dreißig Jahren nach dem Ende des Ost-West-Konflikts bereitete sich, unter tätiger Mithilfe amerikanischer Politiker, das »Ende des amerikanischen Zeitalters« (Jäger 2019) vor. Die Frage nach der Zukunft der transatlantischen Beziehungen und ihrer Institutionen, darunter eben auch der NATO, wurde akuter. Dass Präsident Trump mit seiner *America first*-Devise die auf vielen Feldern der internationalen Beziehungen bewährten und besonders auch von europäischen Staaten (besonders von Deutschland) hochgeschätzte Methode des Multilateralismus verabschiedete, ist nur der sichtbare Teil eines längerfristig wirksamen Trends in Washingtons Politik.

Schließlich haben sich auch in den letzten Jahren die NATO-internen Querelen mit der Türkei verschärft, die in Bezug auf die USA und die europäischen Staaten leicht unterschiedliche Akzente aufweisen. Das Selbstbewusstsein der Türkei unter Präsident Erdogan hat kräftig zugelegt, weil sich die Türkei inzwischen geopolitisch als regionale Vormacht zwischen dem Nahen und dem Mittleren Osten betrachtet. Eine Nebenfolge davon ist unter anderem, dass eine fest formalisierte Kooperation zwischen der EU (zu der bekanntlich das »griechische« Zypern gehört) und der NATO nicht stattfinden darf. Die zu beobachtende informelle Kooperation bleibt aber notgedrungen oberflächlich. Klassifiziertes Material darf beispielsweise zwischen ihnen nicht ausgetauscht werden.

Zwei Perspektiven für die europäische Sicherheit

In der Europäischen Union stehen sich zwei Konzepte für die Sicherheitspolitik gegenüber. Europäische Sicherheit, sagen die einen, kann es nicht ohne die NATO und ohne amerikanische Militärpräsenz in Europa geben. Deswegen müssen die Europäer alles tun, um die amerikanische Regierung davon zu überzeugen, diese Präsenz aufrechtzuerhalten. Die meisten Anhänger dieser Vorstellung finden sich in den neuen NATO-Mitgliedsländern östlich von Deutschland.

Die anderen halten dagegen und sehen in der NATO kein zukunftsfähiges Modell für europäische Sicherheit. Die NATO sei »hirntot«, hat Frankreichs Präsident Macron im Herbst 2019 publikumswirksam formuliert. Wenn das so stimmt, ist es nur logisch, den Ausbau der militärischen Verteidigung Europas über eine erhebliche Verstärkung und Verbesserung der nationalen europäischen Streitkräfte zu fordern. Dazu gibt es immer einmal wieder Stimmen, die nach einer integrierten »Europa-Armee« rufen, allerdings ohne genauere Angaben, wie der Weg vom Istzustand zu diesem Ziel aussehen könnte.

Beide Perspektiven sind nicht völlig neu. Man denke nur an den vom französischen Präsidenten General de Gaulle 1966 durchgesetzten Rückzug Frankreichs aus den militärischen Strukturen der NATO. Erst 43 Jahre später, im Jahr 2009, machte Paris diesen Schritt rückgängig. Auf den ersten Blick sehen die beiden Perspektiven wie eine Entweder-oder-Figur aus. Das ist aber nicht richtig. Es war immer schon unvermeidlich, dass die geografische Distanz zwischen den nordamerikanischen und den europäischen

NATO-Mitgliedern, das Machtgefälle sowie die unterschiedlich stark ausgeprägten Bedrohungsängste auf beiden Seiten des Atlantik unterschiedliche Wahrnehmungen und sicherheitspolitische Prioritäten zur Folge hatten. Die harmonische Metapher für diesen sich oft genug auf lästige Weise bemerkbar machenden Sachverhalt kommt aus der Architektur – die NATO stützt sich auf zwei Säulen, auf die amerikanische und die europäische.

Allerdings kann man diese Metapher, was häufig geschehen ist, auch als Ausgangspunkt für kritische Zustandsanalysen der NATO benutzen. Als kritisch, weil dann die europäische Säule zu wenig stabil erscheint. Jahrzehntelang wurde in der NATO darüber diskutiert, wie man die Beiträge der europäischen Staaten zur gemeinsamen Verteidigung erhöhen könnte, finanziell und was die Truppenstärke betrifft. In den Zeiten des Ost-West-Konflikts galt die NATO als militärische »Lebensversicherung« der (West-)Europäer, und es stellte sich jedes Jahr neu die Frage nach der Höhe der Prämie, die die Westeuropäer dafür bereitstellen wollten und konnten.

Ist diese Einschätzung der NATO als Lebensversicherung auch heute noch (oder wieder) aktuell? Deutschlands Außenminister Maas hat dies im November 2019 emphatisch bejaht und zugleich, als Antwort auf das Hirntot-Argument von Macron, die Einsetzung einer Kommission vorgeschlagen, die sich (um jetzt einmal eine Metapher aus einem anderen Bereich zu verwenden) der gewachsenen Zahl von Krampfadern der Militärorganisation annehmen soll. Wenn man nicht weiterweiß, dann ist die Einsetzung einer Kommission in der Politik eine Ersatzhandlung, mit der man erst mal Zeit gewinnen kann. Sollte dann etwas Passables dabei herauskommen, umso besser!

Das amerikanische Interesse an der NATO

Zweifellos gab und gibt es ein beträchtliches Interesse der USA an der Fortexistenz der NATO, und zwar der NATO, so wie sie ist, also maßgeblich bestimmt von Washington. Zwar ist dabei in Rechnung zu stellen, dass dieses Interesse innerhalb der geostrategischen Weltsicht der amerikanischen Führung nicht mehr ganz so gewichtig ist. Höchste Priorität kann es nicht beanspruchen. Das tun heute die wirtschafts- und sicherheitspolitischen Konflikte mit China. Aber weil Russland als Nachfolgestaat der Sowjetunion über ein beträchtliches Nuklearwaffenarsenal verfügt, außerdem große Anstrengungen macht, dieses Arsenal weiterzuentwickeln, bleibt die amerikanische Führung gegenüber Russland sehr wachsam. Es kommen noch andere Gründe hinzu. Sollte sich (eigentlich wider Erwarten) eine enge Allianz zwischen Moskau und Peking bilden, würde sich das unmittelbar auf die schwierig zu balancierende weltpolitische amerikanisch-chinesische Rivalität auswirken – zu Ungunsten der USA natürlich. Auch aus diesem Grund ist es für die USA wichtig, mindestens mit einem Fuß in Europa verankert zu bleiben. Dass in den Twitter-Äußerungen von Präsident Trump davon kaum die Rede ist, sollte uns nicht täuschen.

Ein weiterer, diesmal innenpolitisch relevanter Grund für das amerikanische Interesse an der NATO sind jene Amerikaner, deren Eltern oder Großeltern oder die selbst aus Mittel- und Osteuropa eingewandert sind. Das sind gar nicht so wenig. Sie definieren sich zwar hundertprozentig als Amerikaner, üben als »ethnische Lobby« aber doch einen gewissen Druck auf die Politik der Regierung aus, ihren Herkunftsländern zu helfen, sich gegen russische Forderungen territorialer oder sonstiger Art zu schützen. Also etwa mehr NATO-Truppen nach Polen und in die baltischen Staaten zu verlegen *(Enhanced Forward Presence),* was im Juli 2016 auf dem NATO-Gipfeltreffen in Warschau auch beschlossen wurde. 2019 entschloss sich Washington, weitere Truppen nach Polen zu verlegen.

Es widerspricht diesem grundlegenden und dauerhaften amerikanischen Interesse an sicherheitspolitischer und militärischer Präsenz in Europa und folglich an der NATO überhaupt nicht, dass die europäischen NATO-Partner von Washington immer mal wieder lautstark und während der Präsidentschaft Trump auch auf ziemlich rüde Weise kritisiert werden. Die USA geben in der NATO den strategischen Ton an, aber das kostet sie auch eine Menge Geld.

Das Gerangel um eine angemessene Lastenverteilung innerhalb der NATO hat eine lange Tradition. Zur Zeit des Ost-West-Konflikts ging es schon um *Burden Sharing,* etwa bei den Stationierungskosten von US-Truppen in Deutschland. Aus amerikanischer Perspektive ist es unangemessen, dass Washington die Sicherheit Europas, nun ja, vielleicht nicht garantiert, aber doch einen entscheidenden Anteil dazu beiträgt, während die europäischen NATO-Staaten bis auf wenige Ausnahmen ihre Ausgaben für Sicherheit und Verteidigung so gering halten. Besonders Deutschland steht hier im Brennpunkt amerikanischer Kritik, weil es den von der NATO einstimmig festgelegten Richtwert für Militärausgaben, nämlich zwei Prozent des Bruttoinlandprodukts, jahrelang missachtet hat, so dass selbst die gegenwärtigen und künftig geplanten, nicht unbeträchtlichen Erhöhungen des deutschen Militäretats diesen Richtwert auf absehbare Zukunft verfehlen werden (siehe dazu auch das Kapitel *»Welche Bundeswehr wozu?«* ab Seite 127).

Europäische Zweifel

Liegt auch das amerikanische Interesse an fortgesetzter sicherheitspolitischer Präsenz in Europa offen, so kann das viele Europäer doch nicht beruhigen. Schon in den letzten Jahren des Ost-West-Konflikts, in denen das politische Klima zwischen Entspannung und partiellen Rückfällen in die Atmosphäre des Kalten Krieges changierte, hatte es in manchen europäischen Kreisen den Verdacht gegeben, dass sich Washington und Moskau auf bestimmte sicherheitspolitische und nuklearstrategische Abmachungen einigen könnten, die zulasten der westeuropäischen NATO-Mitgliedsstaaten gehen. Solchen Verdächtigungen und nuklearstrategischen Entwicklungen, welche Westeuropa einer zusätzlichen Bedrohung seitens weitreichender sowjetischer Mittelstreckenraketen (sie hießen SS-20 in der NATO-Terminologie) aussetzten, wollte der damalige Bundeskanzler Helmut Schmidt in seiner berühmt gewordenen Londoner Rede vor dem Internationalen Institut für Strategische Studien (IISS) Ende Oktober 1977 entgegentreten. Das führte zum Doppelbeschluss der NATO vom 12. Dezember 1979, worin die NATO ankündigte, die amerikanischen Mittelstreckenwaffen Pershing II und Cruise Missiles zu modernisieren und in Westeuropa aufzustellen, es sei denn, die Sowjetunion würde ihre bereits stationierten, nuklear bestückten SS-20 in den nächsten vier Jahren wieder abbauen.

Mit diesem Beschluss wurden die europäischen Zweifel, ob die Sicherheitspolitik der USA die Sicherheitsbedürfnisse Westeuropas angemessen berücksichtigte, erst einmal beschwichtigt. Aber Vorsicht – beschwichtigt waren nur die Zweifel der (meisten) sicherheitspolitischen Experten in Westeuropa. Demgegenüber galt der NATO-

Doppelbeschluss damals einer breiten Protest-Öffentlichkeit – vielen auch heute noch – als imperialistisches Teufelswerk der Amerikaner, mit dem sie vor allem auf Kosten der Westeuropäer einen Nuklearkrieg mit der eigentlich doch friedliebenden Sowjetunion riskierten. Das war und ist zwar Unsinn, wurde jedoch von vielen ehrenwerten, politisch aber leider nicht sehr urteilskräftigen Menschen mit Verve vertreten.

Heute nun existiert auch innerhalb der *Strategic Communities* in Europa – nicht so sehr in denen der postkommunistischen NATO-Ländern, mehr in Frankreich und Deutschland – eine beträchtliche Skepsis hinsichtlich der Festigkeit und Zuverlässigkeit sowie der politischen und militärischen Grundübereinstimmung der transatlantischen Partnerschaft. Die USA, sagen manche Beobachter, haben zwar ein Interesse an ihrer Präsenz in Europa, aber sie definieren dieses Interesse selbstsüchtig und ohne die geringste Rücksicht auf Europa. Sie finden genügend Illustrationen für diese Meinung in der sprunghaften Politik von Präsident Trump gegenüber Europa. Die erstreckt sich nicht nur auf die Sicherheitspolitik, wo die amerikanische Politik gegenüber der Türkei oder im syrischen Bürgerkrieg die Wirkung einer Kopfnuss auf die europäischen NATO-Länder entfaltete. Noch schmerzhafter für Europa sind die Auswirkungen der amerikanischen Handels- und Wirtschaftspolitik, die letztlich auf nichts anderes als die Zerstörung der multilateralen Regime auf diesem Feld hinauszulaufen droht. Freihandel, bislang ein Grundbegriff im westlichen Wirtschaftskatechismus, ist für Trump zu einem Unwort geworden, vermutlich nicht aus wirtschaftstheoretischen Überlegungen heraus, sondern viel schlichter wegen einer kurzfristigen und oberflächlichen Kosten-Nutzen-Rechnung.

Es ist gerade das eigentümliche Hin und Her der Androhung, Rücknahme und erneuten Ankündigung von Zöllen auf europäische Waren, das in vielen europäischen Regierungen ein Gefühl der Unsicherheit auch in Bezug auf Washingtons Verhalten in der NATO verstärkt hat. Diese Zweifel sind nicht aus der Luft gegriffen – eine solide, verlässliche transatlantische Partnerschaft sieht anders aus!

Europäische Illusionen

Die politische Atmosphäre zwischen den USA und der EU ist gegenwärtig ziemlich eingetrübt. Was die Europäer betrifft, so müssen sie sich ja außerdem mit den Erwartungen und Befürchtungen auseinandersetzen, die der Austritt Großbritanniens schon längere Zeit vor seinem Vollzug zum Kochen gebracht hat. Dass die nachdrückliche britische Wiederbeanspruchung aller an die EU abgegebenen Souveränitätsanteile nicht nur wirtschaftliche Konsequenzen nach sich zieht, sondern auch die sicherheitspolitischen Gemeinsamkeiten der europäischen NATO-Mitglieder nicht gerade stärkt, liegt auf der Hand.

Die sicherheitspolitischen Illusionen der Europäer haben mehrere Namen. Schon die *Europäische Verteidigungsgemeinschaft* (EVG) war ein tot geborenes Kind. Die *Westeuropäische Union* (WEU) hat immer ein Schattendasein geführt. Dass aus der *Konferenz* (seit 1995: *Organisation) für Sicherheit und Zusammenarbeit in Europa* (KSZE/OSZE) eine funktionierende »Europäische Sicherheitsgemeinschaft« wird, glaubte seinerzeit, außer einer Handvoll Friedensforscher in Deutschland, kaum jemand.

Das Muster der Aufgabenaufteilung zwischen NATO, WEU (übergegangen in die Gemeinsame Sicherheits- und Verteidigungspolitik der EU und 2010 endgültig aufgelöst) und OSZE erwies sich häufig genug als dysfunktional – keine *Interlocking,* sondern *Interblocking Institutions.*

Es gibt mindestens vier unterschiedliche Antriebsebenen für die unverdrossenen Versuche, zu einer eigenständigen, oder sagen wir vorsichtiger: zu einer eigenständigeren europäischen Sicherheits- und Militärpolitik zu gelangen:

1. Für die einen gehört sie einfach in die Integrationsperspektive der Europäischen Union. Europäische Integration bedeutet für sie der unaufhaltsame, vom Wind der Geschichte begünstigte Fortschritt zu einer *ever closer Union.* Dieser Gedanke beflügelt auch heute noch viele »überzeugte Europäer« in der Kommission, dem Straßburger Parlament und in manchen Hauptstädten Europas. Davon muss man aber wohl endgültig Abstand nehmen, denn die Abnutzungsprozesse des europäischen Zusammenhalts sind unübersehbar (Hesse 2017).
2. Auf einer zweiten Ebene finden wir jene Befürworter einer »strategischen Autonomie« Europas, die sich große Sorgen um das Auseinanderdriften der USA und ihrer europäischen NATO-Verbündeten machen und für den Fall, dass es wirklich ernst werden sollte, dem Schutz Amerikas nicht mehr vertrauen. Letzteres wird nicht immer offen ausgesprochen, weil damit die Erosion des Bündnisses noch beschleunigt würde. Sehr weit ist man mit dem Aufbau einer »strategischen Autonomie« der Europäischen Union aber nicht gekommen. Auch weil die sicherheitspolitischen Interessen der EU-Mitgliedsstaaten, gleichviel ob NATO-Mitglieder oder nicht, sich eben nicht einfach bündeln

lassen. Der eifrigste Beförderer einer weitgehenden sicherheitspolitischen und militärischen Emanzipation der Europäischen Union von den USA ist derzeit der französische Präsident Macron.

3. Drittens gibt es, und leider finden sich hier besonders viel und besonders dröge Illusionen, so etwas wie eine bürokratische Hyperaktivitätsebene, auf der seit Jahren permanent neue Konzepte und neue Institutionen für eine europäische Sicherheitspolitik entworfen und in Politikerreden, Kommuniqués, Absichtserklärungen und Beschlussdokumenten einer wenig interessierten Öffentlichkeit vorgestellt werden. Um das öffentliche Interesse aufzuwecken, findet dabei ein dauerndes *Overselling* statt, das nach einiger Zeit nur enttäuschtes Achselzucken zur Folge haben kann. So gibt es – auf dem Papier oder auch digitalisiert – eine oft überarbeitete europäische Sicherheitsstrategie (ursprünglich von 2003) und eine »Globale Strategie für die Außen- und Sicherheitspolitik der EU« vom Juni 2016 mit der vollmundigen Überschrift: *Gemeinsame Vision, gemeinsames Handeln: Ein stärkeres Europa.* Reines Wunschdenken! Genauso illusionär ist es, von den verschiedenen Institutionen wie dem militärischen Planungsstab (EUMS) und dem – aus den Generalstabschefs der Mitgliedsstaaten bestehenden – Militärkomitee (EUMC), beides gibt es seit 2001, oder dem militärischen Planungs- und Durchführungsstab (MPCC) zur Verbesserung der Krisenbewältigungsstrukturen (seit 2017), mehr als nur marginale Beiträge zur »strategischen Autonomie« Europas zu erwarten. Alles in allem trifft man auf dieser Ebene hauptsächlich auf geschäftige Stagnation (von Bredow 2018).
4. Ein Stück weit abseits davon spielt sich ein mit ziemlich harten Bandagen geführter Kampf um die Möglich-

keit ab, Europas Streitkräfte, wenn schon nicht zu integrieren, so doch zu besserer Zusammenarbeit zu befähigen. In der Rüstungspolitik stehen die Zeichen schon seit langem auf multinationale Rüstungsproduktion, schon allein deswegen, weil die Einzelpreise für teure Rüstungsgüter (Panzer, Flugzeuge, Kriegsschiffe usw.) etwas günstiger werden, wenn eine höhere Stückzahl produziert werden kann. Sie bleiben freilich immer noch teuer genug. Die Planung von höheren Stückzahlen setzt voraus, dass die Streitkräfte mehrerer Länder sich auf den Ankauf eines bestimmten Waffensystems geeinigt haben. Warum dann die harten Bandagen? Nicht nur einzelne Unternehmen konkurrieren hier miteinander. Die eigene Rüstungsindustrie wird praktisch überall von den nationalen Regierungen gestützt. Das hat etwas mit Technologiepolitik zu tun (militärische Spitzentechnologie hat oft einen *Spill-Over*-Effekt in zivile Technologien), aber selbstverständlich auch mit der Vorstellung, dass jeder Staat von Gewicht eine eigene nationale Rüstungsindustrie braucht, um seine Unabhängigkeit nicht zu gefährden. Hier gab und gibt es eine starke Konkurrenz zwischen amerikanischen und den nationalen sowie multinationalen europäischen Rüstungsfirmen. Europäische Rüstungskooperation kann selbstverständlich die Kompatibilität europäischer Streitkräfte erhöhen, obwohl die einzelnen Staaten, übrigens auch Deutschland, sehr genau darauf achten, dass bestimmte Schlüsselentscheidungen über eine solche Kooperation bei ihnen verbleiben. 2004 hat die Europäische Union eine Agentur für (gemeinsame) Rüstungsplanung, Rüstungsbeschaffung und Rüstungsforschung ins Leben gerufen, die *European Defence Agency* (EDA). Damit ist aber noch längst nicht der Weg frei zu einer

> Europäischen Verteidigungsunion im vollen Sinne des Wortes. Wie mühsam es hier vorangeht, kann man auch an der Ende 2017 gegründeten »Ständigen Strukturierten Zusammenarbeit« (englische Abkürzung PESCO) ablesen. Sie soll die sicherheitspolitische und militärische Handlungsfähigkeit der EU stärken. Wer sich davon mehr als ganz kleine Schritte verspricht, macht sich etwas vor.

Nur wenig überspitzt gesagt: Auf sich allein gestellt, ist die Europäische Union mit ihrer *Gemeinsamen Sicherheits- und Verteidigungspolitik (GSVP) als Bestandteil ihrer Gemeinsamen Außen- und Sicherheitspolitik (GASP),* die wiederum Teil des *Vertrages über die Europäische Union* (Maastrichter Vertrag) von 1993 ist, zu wirkungsvollen Sicherheitsleistungen und zur militärischen Verteidigung eigener Interessen und des eigenen Territoriums nicht fähig. Sie bedarf der kräftigen Mithilfe der USA. Jedenfalls auf absehbare Zeit, während der die Europäische Union, vor allem nach Auffassung der französischen Regierung, mehr tun muss, um sich von dieser Mithilfe unabhängig zu machen. Der französische Außenminister Jean-Yves Le Drian hat das im Gebrodel neuerlicher amerikanisch-europäischer Differenzen im November 2019 so ausgedrückt: »Ohne NATO gibt es keine europäische Verteidigung.« Und hinzugefügt: »Ohne dauerhafte Verstärkung der europäischen Verteidigung wird es keine glaubwürdige NATO geben.« Recht hat er!

Spagat

Das hat seinen Preis, finanziell und politisch. Was das Finanzielle betrifft, so versuchen viele (nicht alle) europäischen Regierungen, sich zu drücken – Deutschland besonders. Die USA fordern seit langem, mal nur grummelnd, mal sehr laut und intensiv, von den Europäern höhere Militärausgaben. Die Diskrepanz der Zahlen diesseits und jenseits des Atlantik ist allerdings auch beträchtlich. Niemand kann ernsthaft leugnen, dass angesichts der unsicherer gewordenen Weltlage die Erhöhung der europäischen Verteidigungsetats sinnvoll ist.

Zugleich, und das ist der politische Preis, will sich Washington heute ebenso wenig wie früher den Zuschnitt der NATO auf ihre eigenen Interessen von irgendjemandem in Frage stellen lassen. Da gibt es keinen Unterschied zwischen demokratischen und republikanischen Präsidenten. Nach wie vor gilt die 3D-Formel *(No Decoupling, No Duplication, No Discrimination),* mit der die damalige US-Außenministerin Madelaine Albright zwischen 1998 und 2001 die Grenzen einer seinerzeit in Europa propagierten »Europäischen Sicherheits- und Verteidigungsidentität« (ESDI) innerhalb der NATO markierte. Seit der Präsidentschaft Clintons haben die Administrationen in Washington deutlich gemacht, dass neben dem finanziellen Preis für amerikanische Sicherheitsleistungen in Europa auch der politische Preis gestiegen ist. Um das zu erkennen, braucht es keine Linear- oder Kontinuitätsthese zur Erklärung des weltpolitischen Verhaltens der USA. Gegen die wendet sich mit aller Vehemenz Kleine-Brockhoff (2019), weil er auf diese Weise die in der Tat erratische und sprunghafte Politik von Präsident Trump als große Ausnahme und zeitlich limitierte Abweichung von Amerikas liberaler Grundorientierung kennzeichnen kann. Zeitlich limitiert? Es wird schon einen Unterschied machen, ob die amerikanischen Wähler Trump eine zweite Amtszeit zubilligen oder nicht. Es wäre an dieser Stelle aber zu billig, einmal mehr alle Schimpfkanonen auf Trump zu richten. Sein Verhältnis zur NATO lässt sich vielleicht am knappsten mit der Rhett Butler-Zeile aus »Vom Winde verweht« wiedergeben: *»I don't give a damn.«*

Die Europäer sind sicherheitspolitisch und militärisch auf die USA angewiesen, und zwar so massiv, dass ihnen letztendlich nichts übrig bleibt, als die verbalen Ausfälle und unabgesprochenen Maßnahmen der Trumpschen Politik auf mehreren Politikfeldern und gerade auch in der Sicherheitspolitik zu schlucken. Sie sind deshalb auch nicht in der Lage, für das kontinuierliche amerikanische Interesse an ihrer über die NATO institutionalisierten Präsenz in Europa eine Gegenrechnung aufzumachen. Sie sind, kurz gesagt, in einer Zwickmühle. Und das schon länger.

Für die weitere Entwicklung dieser Konstellation gibt es, wenn man realistisch bleibt, mittelfristig nur eine Option für die Europäer, und die ist schwierig genug: Nämlich die schrittweise Erhöhung der eigenen Verteidigungsanstrengungen und Sicherheitsleistungen, *ohne* dabei die NATO und ihr bislang ja trotz aller transatlantischer Polit-Querelen eingespieltes militärisches Funktionieren in Frage zu stellen oder zu beeinträchtigen. In gewissem Sinne ist das ein Spagat. Sogar ein doppelter. Denn es kommt darauf an, weder die innereuropäischen noch die transatlantischen sicherheits- und verteidigungspolitischen Interessen (weiter) auseinanderdriften zu lassen. Aber das ist nur ein Teil der Aufgabe. Denn zugleich müssen die gebündelten europäischen Anstrengungen zur Erhöhung eigener Verteidigungskapazität und Sicherheitsleistungen behutsam und illusionsfrei intensiviert werden. Illusionsfrei bedeutet in diesem Zusammenhang, dass keine überambitionierten Ziele proklamiert werden, was, wenn sie nicht erreicht werden, nur weitere Enttäuschung und amerikanischen Spott auslösen würde. Also keine »Europa-Armee«, keine »strategische Autonomie«, keine »geopolitische Kommission«. Letzteres hat die seit Anfang Dezember 2019 amtierende Kommissionsvorsitzende Ursula von der Leyen aufs Tapet gebracht. Sie stellt sich eine Europäische Union vor, die glaubwürdig, also machtgestützt als politische Großeinheit im Spiel der Weltmächte mitmischen will und kann. Gewiss wünschenswert, aber im Moment nur ein Fernziel.

Es ist nicht wirklich originell, in den Chor derjenigen einzustimmen, die für eine stärkere Rolle der Europäer in dem Prozess der Herstellung und Pflege europäischer Sicherheit plädieren. Das militärische Übergewicht der USA ist ein Faktum, das sich nur ganz langsam reduzieren lässt. Die primäre Aufgabe der europäischen Staaten besteht hier zunächst einmal darin, ihre sicherheitspolitischen Grundlagen und Perspektiven untereinander abzugleichen und mehr zuverlässige, belastungsfähige Gemeinsamkeiten zu entwickeln, als wir sie heute vorfinden.

Europäische Sicherheit geht nur mit der NATO, das heißt mit den USA. Aber der Anteil, den die Europäer selbst dazu erbringen, muss wachsen. Dass es dabei nicht nur, aber mehr denn je auf das Verhalten Deutschlands ankommt, ist schwerlich zu übersehen.

Deutschland in Europa – zaudernde Führungsmacht

Wer in der gegenwärtigen Weltpolitik die eigenen staatlichen Interessen durchsetzen und eine gestaltungsmächtige Rolle spielen will, muss das eigene Potenzial an »weicher Macht« (Werte, Wissensbestände, Gesellschaftsorganisation) und »harter Macht« (Wirtschaft, Militär) qualitativ und quantitativ optimieren und schonend einsetzen. Im Verhältnis zu den Weltmächten USA und China sind die europäischen Nationalstaaten für sich allein ökonomisch und politisch zu schwach. Sie können nicht einmal mit Schwellenmächten wie Russland, Indien, Japan und eine Reihe weiterer mithalten, auch wenn manche darunter im Moment mit vielen internen Schwierigkeiten zu kämpfen haben. Das trifft auch auf die beiden europäischen Atommächte Frankreich und Großbritannien zu. Deren Status als Voll- und damit Vetomitglieder des UN-Sicherheitsrates hat nichts mit ihrer Iststärke zu tun, geht vielmehr auf die historische Konstellation der Siegermächte am Ende des Zweiten Weltkriegs zurück. Wie sehr der Mehrheitsdiskurs in einem Land sich über die eigenen

Stärken und Möglichkeiten in der Weltpolitik täuschen kann, zeigt das Brexit-Drama.

Und so ist es mittlerweile schon längst eine Binsenweisheit, dass die europäischen Staaten nur im Verbund erreichen können, in der obersten Liga der Weltpolitik dauerhaft präsent zu sein. Wenn sie es denn wollen. Das Problem dabei ist, dass dieser Wille immer wieder beschworen wird, ohne dass entsprechend gehandelt würde. Jedenfalls nicht oder nicht konsequent genug in den Hauptstädten der EU-Mitgliedsstaaten. Die Idee der Integration Europas bezieht sich ja nicht nur auf die Vergemeinschaftung der Außenhandelspolitik, sondern impliziert unter anderem auch, die Außen- und Sicherheitspolitik in irgendeiner machbaren Form zu vergemeinschaften. Wie schwierig das ist, insbesondere wegen der jüngst allüberall in Europa auftrumpfenden Re-Nationalisierungsprozesse, haben wir im vorigen Kapitel gesehen. Trotzdem ist der Verbund-Gedanke nach wie vor richtig und, sagen wir es so: im Prinzip ja auch bislang nicht aufgegeben worden.

Welches Europa?

In den frühen Nachkriegsjahren standen sich zwei Integrationskonzepte für Europa (damals nur Westeuropa) gegenüber. Das eine bot als Ziel die »Vereinigten Staaten von Europa« an. Damit war keine Kopie der USA beabsichtigt, denn schließlich gibt es in Europa einen jahrhundertelangen Vorlauf von Nationalstaaten mit jeweils eigenem Nationalbewusstsein, eigener Gesellschaft und Souveränität. Dies alles aber, so die Vision, sollte in einem europäischen Bundesstaat zu einer europäischen Gesellschaft mit europäischem Bewusstsein zusammenwachsen. Die traditionellen Nationalstaaten würden dann zwar nicht verschwinden, jedoch zu minderbedeutsamen politischen Einheiten zurückgestuft. Der Weg dahin, so die Anhänger dieses Konzepts, die sich *Föderalisten* nannten, sei lang, aber das Ziel erreichbar.

Das andere Grundkonzept setzte mehr auf einen Staatenbund, eine Art lockere Assoziation der Staaten in einem sich nur auf bestimmten Politikfeldern (zum Beispiel der Wirtschaftspolitik) integrierenden Europa. Seine Anhänger nannten sich *Unionisten.* Zugegeben, die beiden Etikette sind ein bisschen verwirrend; denn sie könnten auch das jeweils andere Konzept bezeichnen. Nach der später geprägten berühmten Formel von Charles de Gaulle sollte dieses Europa ein »Europa der Vaterländer« sein.

Beide Vorstellungen, das darf nicht übersehen werden, enthielten zwar auch Erfahrungsimpulse aus der Zwischenkriegszeit 1919 bis 1939, waren aber hauptsächlich geprägt von der Situation nach 1945, als der Ost-West-Konflikt in kurzer Zeit in eine Phase des Kalten Krieges eskalierte. Die Kontroversen zwischen den Anhängern der einen oder anderen Vorstellung durchziehen die europapolitischen Debatten bis heute, wobei sich jedoch der mit ihnen verbundene Optimismus aus der Zeit des »Europa der Sechs« (Frankreich, Deutschland, Italien, Belgien, Niederlande, Luxemburg) im Laufe der Jahre immer weiter verflüchtigt hat.

Das hat mehrere Gründe. *Erstens* waren die vertraglichen Vereinbarungen über Integrationsfortschritte wie die Errichtung eines über eine Freihandelszone weit hinausgehenden Binnenmarktes, die Vergemeinschaftung der Außenhandelspolitik oder die Entwicklung einer eigeninstanzlichen europäischen Gerichtsbarkeit nur mühsam umzusetzen. Die, objektiv gesehen, gar nicht so umfangreiche »Brüsseler Bürokratie« erwarb sich dabei schnell das Image, Regulierungsregeln auch gegen den gesunden Menschenverstand durchzusetzen. *Zweitens* bedeutete der Mitgliederzuwachs (1973: Dänemark, Großbritannien, Irland; 1981: Griechenland; 1986: Spanien, Portugal) für die Europäische Wirtschaftsgemeinschaft auch einen Zuwachs an binnen-westeuropäischen Wirtschaftsproblemen. *Drittens* ging der Integrationsprozess in ein mühseliges *Stop-and-Go*-Tempo über, das niemanden wirklich zufrieden stellte.

All dies verschärfte sich nach der Überwindung des Ost-West-Konflikts. Die große Begeisterung in den post-kommunistischen und die gemäßigte Begeisterung in den vorher neutralen Ländern konnte zwar auf der rhetorischen Ebene neuen Integrationsschwung bewirken. Die tatsächlich eingeführten und durchaus beachtlichen Maßnahmen zur Vertiefung des nach dem Vertrag von Maastricht »Europäische Union« genannten Staatengebildes wie die Einführung des Euro oder die Herabstufung der Binnengrenzen zugunsten einer gemeinsamen Außengrenze wurden nur von Teilen der EU übernommen, während andere Mitgliedsländer sie nicht für sich akzeptierten. Diese tiefe und sich bis heute weiter intensivierende »Finalitätsdifferenz« besteht nicht mehr nur zwischen Föderalisten und Unionisten, sondern auch zwischen dem schwächer werdenden Lager der Verfechter einer supranationalen und den Anhängern einer zwischenstaatlichen Europäischen Union. In beiden Lagern weiß aber niemand so recht, wie es mit der Finalität der Europäischen Union aussehen könnte, was also am Ende des Integrationsprozesses in ferner Zukunft herausgekommen sein wird.

Deutschland und Frankreich als Konkurrenten und Partner

Solange es die europäische Integration gibt, gelten Frankreich und Deutschland als die zwar nicht unumstrittenen, aber entscheidenden Führungsnationen Europas. Soll die Integration weitergehen, kommt es in erster Linie auf das erfolgreiche Zusammenspiel des »deutsch-französischen Tandems« an. Die Metapher vom Tandem macht recht anschaulich klar, was gemeint ist. Nachdem aus der über viele Generationen gepflegten »Erbfeindschaft« zwischen den beiden Ländern die »deutsch-französische Freundschaft« geworden sei, würden nicht nur diese beiden Länder, sondern auch die anderen Mitglieder der Europäischen Gemeinschaft / Europäischen Union von der gemeinsamen Führung Deutschlands und Frankreichs profitieren.

Damit Europa in der Weltpolitik als gewichtiger Akteur auftreten kann, muss es mit einer Stimme sprechen, und es gehört zu den Aufgaben Frankreichs und Deutschlands genau darauf hinzuwirken. Andersherum gilt aber auch: Wenn sich die Regierungen beider Länder nicht erfolgreich abzustimmen in der Lage sind, stagniert die europäische Integration, und das weltpolitische Gewicht der Europäischen Union nimmt ab. Deutsch-französische politische Harmonie ist die zwar allein nicht hinreichende, aber notwendige Bedingung dafür, dass die Europäische Union ein erstrangiger Akteur auf der weltpolitischen Bühne werden kann.

Auf einem Tandem-Fahrrad sitzt einer vorne und lenkt, und einer sitzt hinten und tritt mächtig in die Pedale. Zur Zeit der »alten« Bundesrepublik stand in französischer Perspektive außer Frage, wer vorne sitzt und lenkt, nämlich

Frankreich. Den Bonner Regierungen war diese Arbeitsteilung ganz recht, wussten sie es doch so einzurichten, dass durch geschicktes Pedale treten qua Beschleunigung oder Bremsung die Richtungsentscheidungen in Paris im eigenen Interesse beeinflusst werden konnten. Denn trotz der in den europabezogenen Sonntagsreden der 1950er- und 1960er-Jahre über die »deutsch-französische Freundschaft« gefeierten Annäherung ließen sich gravierende Unterschiede zwischen den beiden Gesellschaften und ebenso historisch-strukturell verankerte Differenzen in den politischen Prioritäten nicht übersehen. Ein Beispiel für erstere boten etwa die unterschiedlichen Grundakzente der Wirtschaftsordnungen – mehr staatsinterventionistisch und planungsoptimistisch in Frankreich, eher ordoliberal und marktwirtschaftlich ausgerichtet in der Bundesrepublik Deutschland. Ein Beispiel für letztere waren etwa die unterschiedlichen Erwartungen, die Präsident de Gaulle und Bundeskanzler Adenauer mit dem »Vertrag über die deutsch-französische Zusammenarbeit« (Elysée-Vertrag) von 1963 verbanden. De Gaulle wollte damit den Einfluss der angelsächsischen Mächte auf die Weiterentwicklung (West-)Europas und die sicherheitspolitische Dominanz der NATO auf dem Kontinent ein Stück weit zurückdrängen. Das lag gar nicht im Interesse der Bonner Regierung, weshalb der Bundestag dem Elysée-Vertrag eine Präambel vorsetzte, in der genau diese Interpretation zurückgewiesen wurde – sehr zum Ärger de Gaulles.

Solche gelegentlich an die politische Oberfläche gelangenden Verstimmungen waren und sind bis heute Ausdruck unterschiedlicher politischer Sichtweisen, Interessen und Konzepte in den beiden Hauptstädten. Sie wurden und werden aber immer wieder überspielt, weil der Korpus der akuten politischen Gemeinsamkeiten und der Wille zu Kompromissen stärker ins Gewicht fallen. Nur eben: auf ein eitel (oder einig) Honigschlecken lassen sich die deutsch-französischen Beziehungen nicht zurückführen. Frankreich und Deutschland sind die entscheidenden Motivatoren und Motoren der europäischen Integration, zweifellos. Aber die Vorstellungen darüber, was das genau ist und wohin es führen soll, stimmen nicht hundertprozentig überein. Auch deshalb nicht, weil, wenn zwei führen sollen, zwischen ihnen immer auch eine gewisse Konkurrenz unvermeidbar ist. Einmal mehr kommt in diesem Zusammenhang auch die Vergangenheit ins Spiel.

Die deutsche Frage

In der Vergangenheit galt Deutschland vielen seiner Nachbarn als potenziell bedrohliches Problem. Das hieß dann »die deutsche Frage«. Dabei muss man im Auge behalten, dass das, was jeweils als der Kern der deutschen Frage angesehen wurde, nicht eindeutig festlag, sondern je nach politischen Umständen eine immer etwas andere Definitionen erfuhr. Dennoch ging und geht es immer noch, mal in aller Schärfe, mal eher subkutan, um die Konsequenz aus dem Umstand, dass Deutschland immer dann, wenn es als ein handlungsmächtiger Staat auftritt, zur »Zentralmacht Europas« (Schwarz 1994) wird. Das Zentrale dieser Macht geht einmal auf die geografische Lage zurück, nämlich der Mitte Europas. Es bezeichnet aber gleichzeitig das besondere machtpolitische Gewicht dieses Staates. Und das bereitete den Nachbarn zuweilen erhebliche Sorgen. Deshalb waren sie in der Vergangenheit immer erleichtert, wenn Deutschland keine oder nur eine geschwächte politische Einheit war. Deshalb verfolgten sie Einheitsprozesse wie die Reichsgründung 1871 oder die Wiedervereinigung 1990 mit misstrauischen Argusaugen. Nach 1871 konnte Bismarck die außen- und sicherheitspolitische Lage der neuen Zentralmacht Europas durch kluge Diplomatie für ein paar Jahre stabilisieren. Dann aber überwogen ambitionierte und die Konkurrenz der europäischen Mächte anheizende Machtexpansionspläne (»Platz an der Sonne«). Die meisten davon standen auf tönernen Füßen und waren schlecht durchdacht. Zwar wurde für ein paar Jahrzehnte ein großer innereuropäischer Krieg vermieden. Als er dann schließlich doch ausbrach, wurde er zur viel zitierten »Urkatastrophe des 20. Jahrhunderts«, wie es der amerikanische Historiker und Diplomat George F. Kennan ausdrückte.

Die Zeit des Nationalsozialismus 1933 bis 1945 und der Zweite Weltkrieg war nur eine relativ kurze Epoche, aber gewiss in ihren Auswirkungen viel mehr als nur ein »Vogelschiss« auf die deutsche Vergangenheit. Vor allem die eiskalt geplante und vollstreckte Ermordung von Juden, Sinti und Roma und von Behinderten gilt als bewusst herbeigeführter »Zivilisationsbruch« und wird den Deutschen und ihren Kollaborateuren aus anderen Ländern noch lange als Stigma bleiben. Die Last dieses Teils der Vergangenheit haben auch die postnationalsozialistischen Generationen zu tragen. Da lässt sich nichts relativieren oder gar heroisieren. Jedoch bleibt auch anzumerken, dass die Siegermächte Deutschland zu keinem Zeitpunkt nach 1945 aus der internationalen Politik völlig herausgenommen und die beiden deutschen Staaten, die nach dem Vorlauf der Besatzungszonen 1949 entstanden, politisch isoliert haben. Das lag nicht zuletzt daran, dass die »deutsche Frage« durch die zweigeteilte europäische Nachkriegsordnung im Ost-West-Konflikt dessen Dynamik untergeordnet war. Erst als die Teilung Deutschlands und Europas aufgehoben war, tauchte die »deutsche Frage« wieder auf. Mittlerweile hatte sie ihre Schärfe allerdings weitgehend eingebüßt.

Gewiss hat die europäische politische Konstellation von 1989/1990 so gut wie nichts mit der von 1871 zu tun. Bis auf dies: Wie damals sahen manche europäischen Regierungen im Machtzuwachs Deutschlands, den die Vereinigung der beiden deutschen Staaten auf mittlere Sicht bewirken würde, eine potenzielle Gefahr. Nämlich die, dass sich Deutschland auf die (machtpolitisch gesehen desaströse) Tradition besinnen könnte, großregionale Hegemonie-Ansprüche zu formulieren und durchsetzen zu wollen. Die Furcht vor einer »Germanisierung Europas« konnte leicht mit Hinweisen auf die deutschen Kriegsziele im Ersten Weltkrieg und den Nationalsozialismus angefacht werden. Zuweilen geschah das auch mit Hintergedanken.

Bekanntlich waren es unter den westlichen Verbündeten nur die USA, die den Vereinigungsprozess unzweideutig und nachdrücklich unterstützten. Die Regierung Kohl/Genscher ihrerseits tat alles, um den Nachbarn die Furcht vor einem vereinten Deutschland zu nehmen und die Weltöffentlichkeit zu beruhigen. Das vereinte Deutschland würde sich liebend gern in weitergehende europäische Integrationsprozesse einbinden lassen (siehe: Maastrichter Vertrag). Die Regierung übertrug die WEU-Klauseln über den Verzicht auf Nuklearwaffen in den Zwei-plus-Vier-Vertrag und verpflichtete sich, die Personalstärke der Bundeswehr innerhalb von drei bis vier Jahren auf 370 000 Soldaten zu reduzieren. An Bekenntnissen der politischen Repräsentanten des vereinten Deutschland zum Multilateralismus, zur Friedenspolitik und zur Mitarbeit in internationalen Organisationen wie der UNO mangelte es nun wirklich nicht.

Das war seinerzeit in den ohnehin von allen möglichen politischen Illusionen geprägten frühen 1990er-Jahren sicherlich ehrlich gemeint (»Friedensdividende«, Abgesang des Nationalstaats als Basismodell internationaler Beziehungen, unaufhaltsamer Aufstieg der kosmopolitisch ausgerichteten Zivilgesellschaften, USA als einzig verbliebene Supermacht). Es war auch nicht ganz falsch, denn es gelang einigermaßen, die Befürchtungen vor einem Wiederaufstieg der »hässlichen Deutschen« zu beschwichtigen.

Allerdings stellte sich bald heraus, dass internationale Politik auch in nicht von den Wäg- und Unwägbarkeiten des Ost-West-Konflikts bestimmten Zeiten Knochenarbeit ist und man dafür kräftige Zähne braucht. Eine außen- und sicherheitspolitische »Kultur der Zurückhaltung« klingt sicher gut, lässt sich auch fürs innenpolitische Marketing ganz gut gebrauchen. Jedoch entwickelten sich die Dinge anders als erhofft. Für die deutsche Politik begann eine im Grunde bis heute andauernde Phase reduzierter Berechenbarkeit. Mal wurden Zähne gezeigt wie schon früh mit dem Vorpreschen bei der Anerkennung Sloweniens und Kroatiens Ende 1991. Mal wurde die Teilnahme an multinationalen Friedenseinsätzen mit UNO-Mandat abgelehnt (Irak-Krieg 1991). Mal hielt das Fehlen eines UNO-Mandats Deutschland nicht davon ab, an einem Militäreinsatz teilzunehmen (Kosovo-Konflikt 1999). Im März 2011 enthielt sich Deutschland im UN-Sicherheitsrat, als eine Militäraktion gegen den libyschen Diktator Gaddafi beschlossen wurde. All das zusammengenommen ergibt ein janusköpfiges Bild von Deutschlands Außen- und Sicherheitspolitik, die Unentschlossenheit ausdrückt und zwischen den Zielen »mehr Engagement in der Weltpolitik« und einem weltpolitischen Ruhebedürfnis hin und her pendelt.

Genau das ist nämlich jetzt die neue »deutsche Frage«, die eigentlich aus einem ganzen Strauß von Fragen besteht: Was will Deutschland eigentlich? Welche Rolle strebt es in Europa und darüber hinaus an? Will es die internationalen Beziehungen mitgestalten und eine aktive Rolle in den Auseinandersetzungen um neue Ordnungsstrukturen für die nächsten Jahrzehnte spielen? Oder bleibt es ein Zaungast bei diesen Auseinandersetzungen und definiert sich als regionale Mittelmacht mit begrenztem Handlungshorizont?

Klare und eindeutige Antworten gibt es darauf nicht. Zwischen Reden und Handeln, Ankündigungen und Lieferung, Ansprüchen und tatsächlichem Verhalten klaffen oft breite Lücken. Man gewinnt den Eindruck, dass die Bundesregierungen für Deutschland zwar eine (Mit-)Führungsrolle auf europäischer Ebene und darüber hinaus (zum Beispiel im Sicherheitsrat der UNO) anstreben. Aber aus innen- wie außenpolitischen Gründen arbeiten sie nicht wirklich entschlossen auf dieses Ziel hin. Es fehlt an Führungskraft.

Führungskraft

Was Führung in diesen politischen Zusammenhängen bedeutet, scheint auf der Hand zu liegen. Bei genauerem Hinsehen stellt sich allerdings heraus, dass es sich um eine sehr komplexe Interaktion handelt, für die es kaum allgemeingültige Rezepte gibt, die über ein paar Banalitäten hinausgehen. Politische Führungskraft ist zudem eine seltene Ressource, sowohl auf individueller wie auf kollektiver Ebene.

Für Regierungen demokratischer Staaten umfasst politische Führung mindestens die Richtungsbestimmung der Willens- und Entscheidungsprozesse in Regierung und Parlament, die Durchsetzung von getroffenen Entscheidungen in Verwaltung und Behörden, das erfolgreiche Einbringen der nationalen Interessen in den Außenbeziehungen sowie, keineswegs zu unterschätzen, die Herstellung und Pflege öffentlicher Zustimmung zum Regierungshandeln. Politische Führungskraft bemisst sich am Erfolg auf diesen vier politischen Ebenen.

Konzentrieren wir den Blick auf die Außenbeziehungen. Sie bleiben freilich im Zeichen der Globalisierung immer mit innenpolitischen und zivilgesellschaftlichen Aspekten verknüpft. Hier braucht es für Ausübung politischer Führung Konzepte, Programme und Instrumente, um nationale Interessen in Konkurrenz und Kooperation mit anderen Staaten geltend zu machen und durchsetzen zu können. Das klingt logisch und glatt. Die Politik einer Regierung kann jedoch selbst mit bestem Willen bei der Umsetzung solcher Vorgaben versagen, wenn beispielsweise die handelnden Personen den hohen Leistungsanforderungen in der Spitzenpolitik nicht gerecht werden. In aller Gelassenheit und ohne Häme muss man feststellen, dass dies ein häufig anzutreffendes Defizit im Regierungshandeln ist. Ein besonders auffälliges unter den aktuellen Beispielen bietet hier etwa der amerikanische Präsident Trump. Oder es fehlt der innere Zusammenhalt einer Koalitionsregierung, was eigentlich in allen Koalitionsregierungen unter Bundeskanzlerin Merkel der Fall war, gleichviel ob »Große« oder schwarz-gelbe Koalition. Immer herrschte ein binnen-koalitionärer Drang des gegenseitigen Zerfleischens. Manchmal sogar verstärkt durch den Selbstzerfleischungstrieb einer der Koalitionspartner – darin ist die SPD unbestritten die Nummer eins.

Es ist bezeichnend für die Disharmonie in den Koalitionen, dass quasi wie ein Leitmotiv immer wieder die Aufforderung an die Bundeskanzlerin ergeht, nun endlich einmal politische Führungskraft zu zeigen und ein Machtwort zu sprechen. Zugleich mit dieser Forderung wurden aber inhaltlich und stilistisch heftige Attacken gegen die anderen Parteien in der eigenen Koalition oder gegen bestimmte Minister geritten: FDP gegen CSU, CSU gegen CDU, CDU/SPD gegen SPD. Von außen betrachtet wie von innen auch: Ein Trauerspiel.

Warum ist das so? Warum verlängert sich ein Zustand, den alle Beteiligten als beklagenswert ansehen, den sie eigentlich abstellen wollen und von dem sie wissen, dass sie ihn im Interesse des Landes, das sie regieren, aber auch in ihrem eigenen Interesse, so schnell wie möglich auch abstellen müssten?

Die aktuellen Führungsdefizite der deutschen Politik lassen sich abstrakt und allgemein auf vier eng miteinander verbundenen Ebenen verorten:

- Leistungsschwäche des politischen Personals (wobei hier die Person der Bundeskanzlerin ausgenommen wird);
- parteipolitische Kurzsichtigkeit und fehlende Bereitschaft zu Kompromissen, die nicht faul sind (davon gibt es eine ganze Menge), sondern für das Gemeinwohl förderlich;
- das Auseinanderdriften der Gesellschaft, der Popularitätszuwachs einer Politik vom Rand des politischen Spektrums her auf Kosten der Mitte sowie das Wegschmelzen großer und gefestigter zivilgesellschaftlicher Organisationen im vorparlamentarischen Raum;
- Verlust der außenpolitischen Handlungsfähigkeit auch anderer europäischer Staaten als Folge des jeweiligen innenpolitischen Drucks, der gemeinsames Handeln selbst dort erheblich erschwert, wo das Unterlassen von Reformen und Veränderungen absehbar zu beträchtlichen Problemen für alle Staaten führen wird (ablesbar an der europäischen Hilflosigkeit der Asyl- und Migrationspolitik).

Die beiden letzten dieser vier Punkte lenken die Aufmerksamkeit auf strukturelle Hindernisse für politische Führungskraft. Die sollte man nicht ausblenden, wenn es um die Kritik am Handeln von Personen geht, so berechtigt sie auch sein mag.

Mal zurückhaltend, mal ziemlich knallhart

Griechische Beobachter der deutschen Regierungen der letzten zehn Jahre kennzeichnen sie oft als eiskalte und eisenharte Hegemonie. Angela Merkel und ihr langjähriger Finanzminister Wolfgang Schäuble wurden wegen ihrer unnachgiebigen Haltung in der Euro-Krise in griechischen Medien mit Hitler verglichen (eines der vielen Indizien dafür, dass die Erinnerung an den Eroberungskrieg der Wehrmacht noch lange das Bild vieler Menschen vom aktuellen Deutschland überschatten wird). Die Bundesregierung hat sich durch solche Vergleiche nicht aus der Ruhe bringen lassen. Völlig unabhängig davon, ob die deutsche Position in der Euro-Rettungskrise ökonomisch und politisch vernünftig war oder nicht, gilt ihre Durchsetzung gegen mannigfache Widerstände anderer Regierungen als Ausweis einer knallhart die eigenen nationalen Interessen verfolgenden, hegemonial ausgerichteten Politik.

Polnische Beobachter der deutschen Regierungen der letzten fünfzehn Jahre kennzeichnen die deutsch-russische Kooperation beim Bau und Betrieb der Gaspipeline durch die Ostsee Nord Stream und vor allem ihren Ausbau von »Nord Stream 2« als rücksichtslos gegenüber den Interessen der Ukraine, der baltischen Länder und ihres eigenen Landes. Von Russland sei nichts Anderes zu erwarten, heißt es, aber dass auch Deutschland entschlossen sei, seinen Energieverbrauch auf Kosten anderer zu sichern, das sei erbitternd, weil damit alle guten Vorsätze zur Absprache mit seinen ostmitteleuropäischen Nachbarn über den Haufen geworfen würden. Nur nebenbei sei erwähnt, dass die russischen Gaslieferungen über Nord Stream 2 auch in Deutschland selbst keineswegs unumstritten sind, weil sie unter Umständen eine zu große Abhängigkeit von Moskaus Lieferbereitschaft zur Folge haben könnten und damit das Ziel der (rein national definierten) Energiesicherheit verfehlt würde. Im Übrigen gab und gibt es besonders unter Präsident Trump starken amerikanischen Druck gegen Nord Stream 2, hauptsächlich deshalb, weil die amerikanische Regierung gern ihr eigenes Gas nach Europa liefern möchte. Auch von diesem heftigen Druck hat sich Berlin nur mäßig beeindruckt gezeigt. Ob das in diesem Fall kluge Interessenpolitik ist, nicht nur auf der politischen, sondern auch auf der ökonomischen Ebene, darüber wird auch in Deutschland gestritten.

Diese beiden Beispiele belegen, dass es durchaus eine selbstbewusste deutsche Interessenpolitik gibt und dass Berlin sie auch gegen Widerstände im Innern und von Verbündeten durchzusetzen versteht. Wenn es auch, vor allem bei komplexen Krisen, außerordentlich mühsam ist. Als nötig angesehene Entscheidungen durchzuziehen, ist ein Ausdruck von Durchsetzungskraft. Wer so handelt, macht sich allerdings nicht unbedingt Freunde damit. So, wie in der zweiten Hälfte des 20. Jahrhunderts die westliche Führungsmacht USA vielfach als »hässliches Amerika« stigmatisiert wurde, so sehen viele ausländische Beobachter ein führungskräftiges Deutschland als »hässliches Deutschland«.

Stimmt das Bild von Deutschland als der »Zentralmacht Europas«, dann gibt es neben dem subjektiven Anspruch auf Durchsetzungskraft in europäischen Angelegenheiten auch die quasi objektive Notwendigkeit, sie auszuspielen, um Europa als handlungsfähigen Akteur voranzubringen. Aus Durchsetzungskraft wird erst Führungskraft, wenn es gelingt, möglichst viele der Mitakteure ins Boot zu holen, dessen Kurs man dann auch nicht gegen deren Willen, sondern im Einklang mit ihnen bestimmt.

Hier stellt sich aber rasch heraus, dass Deutschland als Führungsmacht über keine Konstanz, über kein Konzept und keine Gestaltungsvision für die Europäische

Union verfügt, die mehr ist als das simple (und letztlich nicht funktionierende) Fortschreiben des *Status quo.* Oft wird Deutschland deshalb als »halber Hegemon« bezeichnet, was nicht als Kompliment gemeint ist. Oder als »zaudernde Macht«. Mit sehr nachteiligen Folgen für das innenpolitische Klima in Deutschland und für den Zusammenhalt der Europäischen Union ist das in der Migrationspolitik deutlich geworden. Erst hat die Bundesregierung mit Hinweis auf die nur scheinbar logischen, tatsächlich jedoch ganz und gar nicht belastungsfähigen Dublin-Abkommen von 2003 und 2014 lange viel zu wenig getan, um die mehr und mehr überforderten Ankunftsländer von Asylsuchenden und Migranten zu entlasten. Als es 2014/2015 zu dem enormen Anstieg der Einwanderungswelle kam, hat Deutschland mit der Entscheidung, die eigenen Grenzen vorübergehend zu öffnen, zwar einen auch politisch mit guten Gründen vertretbaren Alleingang vorgenommen, damit aber auch das geltende Dublin-Abkommen ausgehebelt, bevor eine neue europäische Gemeinschaftslösung in der Migrationsfrage in Sichtweite war. Der Schaden für die Europäische Union war beträchtlich: Von europäischer Solidarität war keine Rede mehr, jede Regierung handelte nach dem Motto »Rette sich, wer kann«. Dies rückgängig zu machen und den Solidaritätsfonds in dieser Frage wieder zu vergrößern, ist bislang nur ansatzweise gelungen. Von deutscher Führungskraft ist hier nicht viel zu sehen.

Gegenwärtig (2020) gibt es wenig Hoffnung auf ein gutes Erscheinungsbild der Europäischen Union auf der Weltbühne. Dafür müsste das deutsch-französische Tandem besser aufeinander abgestimmt sein. Seit Mai 2017 ist Emmanuel Macron französischer Staatspräsident und verfolgt sehr ambitionierte Ziele in seiner Innenpolitik – nicht ohne heftigen Widerstand. Aber auch für Frankreichs Außenbeziehungen und insbesondere seine Europapolitik hat er sich viel vorgenommen, vor allem eine stärkere Kontrolle der Wirtschaftsentwicklung und einen kräftigen Ausbau der europäischen Sicherheitspolitik, beides in unübersehbarer Abgrenzung von den USA. Vor allem von den USA unter einem Präsidenten wie Trump. Die deutsche Antwort auf die oft unangekündigten rhetorischen Vorstöße Macrons (viel mehr war es bisher nicht) fielen hinhaltend, unbestimmt, furchtsam, jedenfalls nicht konstruktiv aus. Berlin mag Gründe haben, die Initiativen Macrons mit Skepsis zu betrachten. Jedoch wäre eine führungskräftige Antwort mehr als ein verdruckstes »ja ja, aber …«. Eigene Vorstellungen – manchmal erahnt man etwas davon in den Äußerungen der zeitweiligen CDU-Vorsitzenden und Verteidigungsministerin Kramp-Karrenbauer – für Europas Sicherheitspolitik fehlen aber. Und wenn sich an der deutschen Sicherheitspolitik in den nächsten Jahren langsam etwas ändert, dann hat das mehr mit der NATO und dem impertinenten Drängen des amerikanischen Präsidenten zu tun als mit irgendwelchen eigenen Initiativen.

Ein deutsch-französisches Europa?

Es steht zu befürchten, dass sich Deutschland mit seinem transatlantisch-europäischen Spagat in eine Situation manövriert hat, die es gewissermaßen strukturell unfähig für eine aktive Europapolitik macht, mit der Europa zu einem handlungsfähigen Akteur in der *Champions League* der Weltpolitik werden könnte. Müsste sich Deutschland also zwischen einer transatlantischen und einer europäisch ausgerichteten Außen- und Sicherheitspolitik entscheiden? Das ist die falsche Frage. Es gibt nämlich gar keine Gelegenheit dazu, es sei denn, seine Regierung würde einen Kurs der Selbstzerstörung einschlagen. Das politik-strategische Problem Deutschlands ist nicht die Wahl zwischen einem Entweder-oder, vielmehr geht es um die richtige Balance dieser beiden Handlungshorizonte. Eine Balance, die nicht ein für alle Mal austariert und festgezurrt ist, sondern gewissermaßen täglich neu justiert werden muss.

Dabei stimmt es, dass in längerer weltpolitischer Perspektive das Gewicht der USA abnimmt und Europa, wenn sich nichts ändert, viel zu leichtgewichtig bleibt, um sich in Konflikten mit den Weltmächten behaupten und bei der Gestaltung einer neuen Weltordnung erfolgreich mitreden zu können. Diese Diagnose ist jedenfalls weitgehend unbestritten. Für Deutschland geht es in dieser Situation also nicht um einen Spagat, sondern um die Kräftigung des für die eigene Sicherheit (noch?) entscheidenden transatlantischen Standbeins bei gleichzeitigem Einsatz des europäischen Spielbeins für reformatorische Bemühungen, um die Voraussetzungen für mehr europäische Sicherheit aus eigener Kraft zu schaffen.

Das ist ein mühevoller Prozess, der nur dann gelingen kann, wenn die sicherheitspolitischen Prioritäten, die strategischen Grundüberlegungen und die mittel- und langfristigen Auf- und Ausbauplanungen für die zivilen und militärischen Instrumente, die Europa als *Security Provider* benötigt, zwischen Deutschland und Frankreich sowie zwischen möglichst vielen anderen EU-Mitgliedsstaaten aufeinander abgestimmt werden. Aber anfangen muss es zwischen Frankreich und Deutschland, sonst wird nichts daraus. Emmanuel Macron hat in seiner hierzulande viel zu wenig beachteten und von der Bundesregierung nur mit eingeschränktem Verständnis aufgenommenen Rede vom 26. September 2017 an der Sorbonne diagnostiziert, dass die Unfähigkeit Europas, überzeugend zu handeln, darauf zurückzuführen ist, dass die europäischen Länder nicht dieselbe historische und politische Kultur haben. Was auch dazu führe, dass »selbst unsere Empfindlichkeiten« nicht dieselben seien. Vor dem Hintergrund dieser Einsicht schlägt er eine »europäische Interventionsinitiative« vor, um eine gemeinsame strategische Kultur zu entwickeln.

Kein leichtes Unterfangen. Nur wenn es gelingt, kann es so etwas wie eine europäische Souveränität oder eine strategische Selbstbestimmung Europas geben. Und beides kann es nur geben, wenn endlich ernsthaft angefangen wird, darauf hinzuarbeiten. Wenn Deutschland hier zu lange zögert oder seine Standbein-Spielbein-Balance nicht hinbekommt, dann dankt es als europäische Führungsmacht endgültig ab. Ein geopolitisch und geoökonomisch als Zentralmacht Europas, soll man sagen, stigmatisiertes Deutschland, das sich den daraus ergebenden Anforderungen entzieht, schädigt sich selbst und schädigt Europa.

Militärisch zurückhaltend, moralisch offensiv

Auf dem Papier passt beides prima zusammen. Leider nicht in der Wirklichkeit. Die deutsche Abneigung gegen Streitkräfte als Instrument der Politik signalisiert dabei eine überraschende, aber inzwischen schon recht lange etablierte Abwendung von einer Vergangenheit, in der das Militär eine herausgehobene gesellschaftliche Stellung innehatte und der Einsatz von Streitkräften zur Eroberung und Besetzung anderer Länder kaum in Frage gestellt wurde. Dieser Wandel in der öffentlichen Einstellung zum Militär geht auf viele Ursachen zurück. In der Hauptsache waren es aber wohl die verheerenden Eindrücke, die die letzten beiden Kriegsjahre und insbesondere die letzten Monate vor Kriegsende im kollektiven Bewusstsein hinterließen.

Nachdem Wehrmacht und Deutsches Reich im Mai 1945 die bedingungslose Kapitulation mit allem, was daraus folgte, hatten akzeptieren müssen, begann unter mal strenger, mal behutsamer Lenkung und Überwachung der Siegermächte in den vier Besatzungszonen der Neuaufbau von Staat und Gesellschaft.

Die Distanz zu allem Militärischen in der Bundesrepublik Deutschland – die DDR ist eine andere Geschichte – ist nicht zu verwechseln mit einem genuinen und sozusagen das ganze Weltbild und den Lebensstil eines Menschen oder einer Menschengruppe prägenden Pazifismus. Wer Pazifist ist, für den bleibt der Rückgriff auf physische Gewalt im Privaten wie in der Politik gleichermaßen tabu, auch wenn er selbst von solcher Gewalt bedroht oder ihr Opfer wird. Dieses Tabu geht meist auf religiöse Gründe zurück, kann aber auch auf einer säkularen Weltanschauung basieren. Der Pazifismus hat eine weit zurückreichende geistige Tradition in den westlichen Gesellschaften; aber nur kleine Minderheiten richteten ihr Leben danach aus. Seit ungefähr der Mitte des 19. Jahrhunderts gibt es in den bürgerlichen Gesellschaften Europas und Amerikas pazifistische Organisationen, die insbesondere in den unmittelbaren Nachkriegszeiten, als die Gräuel des Krieges vielen Menschen unmittelbar vor Augen standen, einen gewissen politischen Einfluss gewannen. So konnte in vielen Staaten das Recht auf Kriegsdienstverweigerung für wehrpflichtige Männer mit pazifistischer Grundeinstellung gegen mancherlei Widerstände erstritten werden. In der Bundesrepublik Deutschland wurde dieses Recht auf Kriegsdienstverweigerung »aus Gewissensgründen« (keinen anderen) 1949 in den herausgehobenen Grundrechtsteil (Art. 4) des Grundgesetzes Deutschlands aufgenommen.

Ernstfall Frieden

Das hat die Bundesrepublik Deutschland aber ebenso wenig zu einer pazifistischen Gesellschaft gemacht wie die vielen militärkritischen Studien und Untersuchungen zu Reichswehr und Wehrmacht und generell zum preußisch-deutschen Militarismus. Ihnen standen, nebenbei gesagt, auch eine Menge militär-apologetische Veröffentlichungen in diversen literarischen Genres und auf unterschiedlichem literarischem Niveau gegenüber. Nein, die in sich widersprüchliche deutsche – um es zu wiederholen: westdeutsche – Distanz zum Militär und zu Streitkräften als Instrument der Politik ist das Produkt aus

1. den Kriegserfahrungen vor allem der deutschen Zivilbevölkerung,
2. der Übernahme des anti-militaristischen Diskurses der Siegermächte in den Westzonen,
3. der nuklearen Bedrohungslage im sich rasch entwickelnden Kalten Krieg und
4. den der Bundesrepublik angebotenen Bedingungen, um sich als westlich-demokratischer Staat in die internationalen politischen und ökonomischen Beziehungen wieder einzugliedern.

Zu diesen Bedingungen gehörten die feste Integration der Bundesrepublik in verschiedene westliche Bündnisse sowie ihre nicht von allen Nachbarn begrüßte Bereitstellung eines militärischen Beitrags zur Verteidigung Westeuropas. Die Formulierung vom militärischen »Beitrag« stammt vom in diesen Dingen unnachahmlich geschickten ersten westdeutschen Bundeskanzler Konrad Adenauer. Sie impliziert ein gegenüber der preußisch-deutschen Tradition zivil-militärischer Beziehungen neues Verständnis der Aufgabe von Streitkräften, nämlich – auch dies wurde später ins Grundgesetz (Art. 87a) hineingeschrieben – ausschließlich zum Zwecke der Verteidigung. Man verstand darunter damals selbstverständlich die Verteidigung gegen einen Angriff der sowjetischen Streitkräfte und ihrer osteuropäischen Verbündeten. Vorbereitungen zu einem Angriffskrieg oder die Teilnahme daran werden vom Grundgesetz (Art. 26) ebenso ausdrücklich verboten. Das Grundgesetz erlangte erstaunlich rasch den Rang eines unbestrittenen Stiftungs- und Gründungstextes für das neue Gemeinwesen und seine politische Kultur.

Die Geschichte der Gründung und Entwicklung der Bundeswehr ist nicht ohne innere Konflikte und Richtungskämpfe verlaufen. Aber im Großen und Ganzen war und blieb sie gekennzeichnet durch eine institutionell fest verankerte parlamentarische Kontrolle, durch ein in den (inländischen mehr als den ausländischen) Medien stets präsentes ziviles Misstrauen gegen das, was etwas plakativ das Wiederaufleben des Militarismus genannt wurde, und durch ihr rüstungstechnologisches und strategisches Design als transatlantische Bündnisarmee. Nicht als europäische Bündnisarmee wohlgemerkt, denn die Pläne für eine Europäische Verteidigungsgemeinschaft mit ziemlich weitgehender Truppenintegration blieben bekanntlich 1954 im französischen Parlament stecken. Sie hätten aller Wahrscheinlichkeit nach auch nicht funktioniert.

Nach ihrer Gründung 1955 verblieben die deutsche Sicherheitspolitik und die Bundeswehr jahrzehntelang unter dem Schirm der amerikanischen Strategie für Westeuropa. Dieser Schirm wurde in der Bundesrepublik als amerikanische Sicherheitsgarantie für das eigene Territorium und die eigene demokratische Ordnung angesehen. Zweifel daran gab es nur wenige, in der breiten Öffentlichkeit sowieso nicht (außer bei den westdeutschen Kommunisten, aber das zählte nicht) und unter den Experten allenfalls hinter vorgehaltener Hand. Sicherheit für Westeuropa ließ sich aus Sicht der amerikanischen Militärexperten nur mit Nuklearwaffen erreichen. Deren Zweck bestand nicht ernsthaft darin, wirklich eingesetzt zu werden, aber eben jederzeit eingesetzt werden zu können. Da auch die Sowjetunion ihr Nuklearwaffenarsenal (sowie weitreichende Trägersysteme für Nuklearsprengköpfe) ausbaute, ergab sich zwischen den Führungsmächten von NATO und Warschauer Pakt eine scheinbar paradoxe Konstellation, nämlich das Nebeneinander von nuklearem Wettrüsten und gegenseitiger Abschreckung. Die nuklearstrategischen Doktrinen wurden neu justiert, wenn es rüstungstechnologische Neuentwicklungen gab. Davon gab es viele. Der besonders in den USA entstehende, aber auch in Frankreich um interessante Beiträge angereicherte Korpus von nuklearstrategischer Fachliteratur wurde in der Bundesrepublik kaum ernsthaft rezipiert. Stattdessen hielt eine große Mehrheit der Deutschen die darin formulierten Überlegungen und Szenarien für absonderlich bis bescheuert. Eine verpasste Gelegenheit, sich im strategischen Denken weiterzubilden!

Insgesamt erwies sich die militärische Ost-West-Konfrontation einigermaßen stabil, obwohl permanent neue Labilitäten drohten. Um diese ein Stück weit zu stabilisieren, einigten sich die USA und Russland auf eine Reihe von Rüstungskontrollabkommen, damit die »gegenseitig gesicherte Abschreckung« *(mutual assured destruction)* nicht ausgehebelt werden konnte.

In der Bundesrepublik wurde das nukleare Wettrüsten mit großem Unbehagen betrachtet. Eigene Nuklearwaffen waren außer Reichweite. Versuche, die entsprechenden Bestimmungen des WEU-Vertrages in irgendeiner Form zu revidieren, blieben schnell stecken. Die Bundeswehr sollte mit ihren Panzern, Schiffen und Flugzeugen die nukleare Abschreckung insofern glaubwürdiger machen, als sie sich, ein insgesamt eher unwahrscheinliches Szenario, den angreifenden Truppen des Warschauer Pakts entgegenstellen würde. Dieses Szenario ging also davon aus, dass die Abschreckung einen solchen Angriff vielleicht nicht verhindern könnte. Aber allein schon dadurch, dass sich die NATO auf ein solches Szenario vorbereitete, wurde die Abschreckung sozusagen etwas gehärtet. Denn dem Warschauer Pakt wurde damit signalisiert, dass er auch nach einem Angriff, zum Beispiel durch die damals als Achillesferse konventioneller Verteidigung angesehene Region um Fulda *(Fulda Gap)*, nicht widerstandslos bis zum Rhein oder gar bis zur Atlantikküste vorstoßen könnte.

Dass die Realität eines solchen teils mit konventionellen, teils mit nuklearen Waffen geführten Krieges in Mitteleuropa eine einzige Katastrophe wäre, dämmerte auch den Experten in der Bundesrepublik erst nach und nach. Ein solcher Krieg musste verhindert werden. Weshalb alles getan werden musste, um die Abschreckung vor einem Versagen zu bewahren. Das kommt treffend in einem Slogan aus den 1960er-Jahren zum Ausdruck »Nicht der Krieg, der Frieden ist der Ernstfall«. Er wird Gustav Heinemann zugeschrieben und ist auch ein Leitmotiv in den Gedanken von Graf Baudissin gewesen, dem Vordenker einer modernen Bundeswehr und Sicherheitspolitik.

Aber wenn der Frieden der Ernstfall ist und der Krieg ausdrücklich nicht, was ist dann der Krieg? Ernsthaft nachgedacht wurde darüber nur von den wenigsten. Für die Mehrheit war es angenehmer, im Schatten des amerikanischen Sicherheitsschirms den Krieg zu verdrängen. Auch diese Haltung drückte sich in einem oft zitierten Spruch aus: »Krieg ist keine Lösung«. Noch ein bisschen weiter getrieben und pazifistisch ausgeschmückt hieß es dann in den 1970er- und 1980er-Jahren: »Stell Dir vor, es ist Krieg, und keiner geht hin«. In diesen drei Slogans spiegelt sich die kollektive Mentalität der Westdeutschen im Kalten Krieg und der Ost-West-Entspannung. Für die Politiker aller Couleur galt geradezu gesetzmäßig, dass sich mit einer moralisch akzentuierten »Politik der Kriegsverhinderung« Wählerstimmen gewinnen ließen.

Kultur der Zurückhaltung

Weil Deutschland geteilt war und die bipolare Konstellation gegenseitiger nuklearer Abschreckung die Bundesrepublik vor einem Angriff der Sowjetunion und ihrer Verbündeten im Warschauer Pakt mit, sagen wir, ziemlicher Sicherheit schützte, etablierte sich hier in der Außen- und Sicherheitspolitik eine sehr spezifische »Kultur der Zurückhaltung«. Zurückhaltung wurde zu einem politisch-diplomatisches Stilelement und zum Etikett für die dezidiert unmilitärische kollektive Mentalität der Deutschen in internationalen Konflikten. Vor allem vier Gründe trugen dazu bei:

Erstens gelangte die Vorstellung, das eigene Territorium womöglich mit eigenen Truppen in einem konventionellen oder begrenzten Nuklearkrieg verteidigen zu müssen, nicht wirklich in die Tiefenschichten des allgemeinen politischen Bewusstseins. Die Bundeswehr war dazu da, die Hammelbeine junger Männer mal kräftig lang zu ziehen. Wurde sie, wie zur Zeit der Kuba-Krise, von Experten als allenfalls »bedingt abwehrbereit« eingestuft (Titelgeschichte des »Spiegel« im Herbst 1962), schüttelte man in der Öffentlichkeit den Kopf und machte sich weiter keine Gedanken. War ja sowieso egal, solange die NATO funktionierte.

Zweitens gab es auf der politischen Ebene ohnehin keine Möglichkeit, mit unilateralen Initiativen zu punkten. Nicht zuletzt deshalb kamen auch alle Versuche einer behutsamen bundesrepublikanischen Annäherung an die Sowjetunion zwischen 1955 und 1961 nicht über ein embryonales Stadium hinaus. Die Teilung Deutschlands zu überwinden war ein in der Präambel des Grundgesetzes fixiertes Ziel westdeutscher Politik, das aber wegen des Ost-West-Konflikts auf Eis lag. Die westlichen Verbündeten versicherten der Bundesregierung regelmäßig ihrer Unterstützung für die »Deutschlandpolitik«. Aber die meisten waren ganz froh, dass sie nicht so bald ihr Ziel erreichen würde. Denn Voraussetzung dafür war das Ende des Ost-West-Konflikts. Das sahen aber nur wenige voraus. Die westdeutsche Außen- und Sicherheitspolitik der »alten« Bundesrepublik war fest eingebunden in den multilateralen Bündnisrahmen des Westens. Damit war nicht nur das politische Establishment zufrieden, sondern auch die große Mehrheit der Bevölkerung.

Drittens erschien aus deutscher Perspektive ein Ost-West-Krieg in Mitteleuropa in der Tat als die größte anzunehmende Katastrophe. Aus Mangel an historischem

Bewusstsein und politischer Urteilskraft übertrugen viele Deutsche diese Konstellation auf die gesamte internationale Politik. Das sehe man doch, hieß es, wenn die alten Kolonialmächte oder die USA irgendwo einen Krieg führen, dann geht das schief! Krieg sei eben keine Lösung! Die Gegenperspektive, also die der um ihre Unabhängigkeit kämpfenden früheren Kolonien, wurde (außer von kleinen aktivistischen Minderheitsgruppen) allenfalls emotional eingenommen, aber nur ansatzweise strategisch analysiert.

Viertens, vielleicht der stärkste Grund, lastete auf Deutschland und den Deutschen das Gewicht der eigenen nationalsozialistischen Vergangenheit. Das NS-Regime bewerkstelligte in wenigen Jahren einen traumatischen Zivilisationsbruch – traumatisch für die Opfer, aber in anderer Weise eben auch für die Deutschen, gleichviel ob Täter, Mitläufer oder Gegner des Regimes. Nach 1945 konnte nicht einfach mehr an die herkömmliche politisch-militärische Kultur in Deutschland angeknüpft werden. Der Untergang der Weimarer Republik, die Machtergreifung Hitlers und seine expansionistische Vernichtungspolitik, aber auch die Kooperationswilligkeit von Organisationen wie der Reichswehr (1921–1935) und Wehrmacht (1935–1945) bildeten nun die dunkle Folie für einen staatlichen und gesellschaftlichen Neuaufbau, bei dem nicht alles, aber Entscheidendes anders eingerichtet werden sollte.

Angesichts der Welt- und der eigenen Lage erscheint die politisch-militärische Kultur der Zurückhaltung aus all diesen innen- und außenpolitischen Gründen für die Zeitspanne zwischen 1949 und 1989/1990 im Großen und Ganzen gar nicht so unangemessen.

Risiken und Nebenfolgen

Allerdings hatte sie zwei ganz und gar nicht angemessene Nebenfolgen. Auf der *kognitiven* Ebene bewirkte sie eine gewisse Trägheit und Unaufmerksamkeit für weltpolitische Veränderungen. Es war bequemer, im Windschatten dieser Veränderungen zu bleiben und sie für nicht so entscheidend anzusehen. Schlimmer noch: es verführte dazu, alles, was in der Weltpolitik passierte, in eine Interpretationsschablone zu pressen, wonach das internationale System mehr und mehr von zwischenstaatlicher Kooperation, zivilgesellschaftlichem Aktivismus, der hegelschen Aufhebung nationaler Interessen in internationalen Organisationen wie der UNO, dem Siegeszug der Demokratie und damit eines »demokratischen Friedens« bestimmt werde. Letzterer würde dadurch zustande kommen, dass es in der Welt mehr und mehr Demokratien gäbe, die entweder jede für sich grundsätzlich friedlicher als andere Staats- und Gesellschaftsformen seien (sehr naive Version) oder zumindest untereinander keine Kriege führen würden (naive Version). Das waren keine nur hierzulande anzutreffenden Illusionen. Aber hier bestimmten sie den öffentlichen Diskurs stärker als anderswo. Auch deshalb, weil sie sich mit der Vorstellung eines integrierten und post-nationalen Europa verbanden.

Die Überzeugung, nicht nur die eigene staatliche Zukunft, sondern auch die der Europäischen Gemeinschaft / Europäischen Union sei *post-national,* erfreute sich in der Bundesrepublik der 1970er- und 1980er-Jahre großer Beliebtheit, auch unter Zeithistorikern und Politikwissenschaftlern. Das war in gewisser Hinsicht ein deutsches Alleinstellungsmerkmal, denn in anderen westeuropäischen Staaten wusste man damit kaum etwas anzufangen. In der Bundesrepublik war sie deshalb attraktiv geworden, weil sie bei der Bewältigung des hypertrophen Nationalismus und Chauvinismus der Vergangenheit half und zugleich das eigene Land aus der Position des bestraften Verlierers in die eines Vorreiters friedlicher Entwicklungen europa- oder sogar weltweit versetzte.

Damit aber hatte man sich von der kognitiven auf die *moralische* Ebene begeben. Von deutschem Boden würde nie mehr Krieg ausgehen, wie die etwas sperrige Formulierung in vielen Politikerreden lautete. Wir haben unsere Lektion gelernt! Wir machen eine Politik, die moralisch sauber ist! So das weit verbreitete Selbstverständnis. Diese Selbstwahrnehmung der Deutschen wurde in anderen Ländern mit Erstaunen und Unverständnis zur Kenntnis genommen. Kritische Kommentare über den »Moralweltmeister« blieben nicht aus. Im Ausland sah man auch die Ambivalenz dieser deutschen Haltung deutlicher. Die Überbetonung moralischer Handlungsrezepte war als Reaktion auf die »Last der Vergangenheit« Deutschlands einerseits verständlich. Sie wurde auch dort, wo diese Rezepte etwas taugten, durchaus begrüßt, beispielsweise von den Regierungen Israels. Andererseits entlarvten die moralischen Phrasen sich oft genug als hohl, als Ausdruck eines Doppelstandards. Kein Land wird ohne konfliktbereite Realpolitik zu einem »Exportweltmeister«, worauf die Deutschen ja auch stolz waren. Deshalb erregte die oft überheblich daherkommende deutsche Moralpolitik auch ein bestimmtes Misstrauen, insbesondere bei den westeuropäischen Nachbarn.

Das Ende des Ost-West-Konflikts brachte die Überwindung der Teilung des Kontinents und auch die Vereinigung Deutschlands. Damit war das Ende der post-nationalen Träumereien gekommen. Das Misstrauen gegenüber einem neo-nationalistischen Deutschland wurde in den Maastrichter Vertrag kanalisiert. Gleichzeitig wurden die moralpolitischen Handlungsmuster der deutschen Politik mit den harten weltpolitischen Realitäten der 1990er-Jahre konfrontiert, selbst wenn diese für kurze Zeit im Westen als Auftakt für eine Epoche des Friedens und der globalen Wohlstandsmehrung wahrgenommen wurden (»Friedensdividende«, »Ende der Geschichte«, *»Unipolar Moment«* für die einzig verbliebene Supermacht USA usw.). Sehr bald stellte sich nämlich heraus, dass die von westlichen Staaten angestrebte »neue Weltordnung« einen beträchtlichen politischen, wirtschaftlichen und militärischen Kraftaufwand erforderte.

Das vereinigte Deutschland wurde dadurch gezwungen, den Kurs der bisherigen westdeutschen Außen- und Sicherheitspolitik neu zu bestimmen. So richtig gelang das nicht, weshalb viele ausländische Beobachter der deutschen Politik und Mitakteure in der internationalen Politik den Eindruck hatten, Deutschland scheue vor einer exponierteren weltpolitischen Rolle zurück und wolle sich angesichts internationaler Krisen und Sicherheitsbedrohungen am liebsten auf »Scheckbuch-Diplomatie« beschränken. Das war jedenfalls das Signal, das Deutschlands weitgehende Nichtteilnahme am ersten (oder je nach Zählung zweiten) Irak-Krieg vom Januar bis März 1991 aussandte. Die Befreiung des besetzten Kuwait durch eine internationale Militärkoalition konnte sich bekanntlich auf ein Mandat der UNO stützen. Auch aus Anlass anderer Krisen und Ausbrüche militärischer Gewalt wurde von Deutschland erwartet, sich aktiv an deren Eindämmung und Deeskalation zu beteiligen. Anders gesagt: Nunmehr war

Deutschland gefordert, nicht länger nur ein *Security Consumer* zu sein, sondern gemeinsam mit anderen Nationen die Rolle des weltpolitischen *Security Provider* zu übernehmen, und zwar nicht nur mit diplomatischen, sondern auch mit militärischen Mitteln.

Das Verantwortungsmantra

Das außen- und sicherheitspolitische Establishment Deutschlands, sich selbst nicht ganz im Klaren über diese Rollenveränderung, hat versucht, sie in ganz kleinen Schritten vorzunehmen. Dies immer auch in dem Bewusstsein, dass sie diesen Wandel auch einer skeptischen, misstrauischen und den üblichen Gepflogenheiten der internationalen Machtpolitik abholden deutschen Öffentlichkeit schmackhaft machen musste. Jede Politik hat ja immer auch eine *Public Relations*-Seite, wobei sich unter diesem Rubrum alles Mögliche finden kann: faktenreiche Aufklärung, ideologische Schönrederei, raffiniertes *Framing* und, wie es so unnachahmlich aus dem Mund einer amerikanischen Regierungssprecherin der Trump-Administration hieß, »alternative Wahrheiten«. Oft in einem willkürlichen Mischungsverhältnis, das sich nicht zuletzt auch über die teils regierungsnahen, teils regierungskritischen Medien ergibt. Letzteres ist allerdings wieder ein ganz anderes Thema.

Der öffentliche Diskurs über die deutsche Außen- und Sicherheitspolitik hatte sich in den Jahren vor 1990 derart nachhaltig moralisch eingefärbt, dass nun auch die neue Rolle Deutschlands auf der internationalen Bühne zuvörderst in moralischer Terminologie beschrieben wurde.

Die alte, jetzt wirklich obsolet gewordene Argumentationslinie von »Krieg ist keine Lösung, deswegen nicht mit uns« wurde beibehalten. Ob sich das zwangsläufig ergeben hat oder eher zufällig, gewissermaßen aus Unachtsamkeit, ist schwer zu entscheiden. Auf jeden Fall blieb die Distanz zum Militär als Instrument nationaler Interessen weiterhin groß, trotz der langsam zunehmenden Zahl der Auslandseinsätze der Bundeswehr und trotz aller nicht so erfolgreicher diplomatischer Anstrengungen zur Konfliktbewältigung in Krisengebieten.

Die verschiedenen Bundesregierungen und ein großer Teil der (umfangmäßig ziemlich kleinen) *Strategic Community* haben sich zwar um den Abbau dieser Distanz bemüht. Aber nicht konsequent genug und ohne klare Sprache. So mag der Appell an ein diffus-pathetisches Pflichtgefühl, der in dem Terminus der *Verantwortung* zum Ausdruck kommt, vordergründig ein aktiveres weltpolitisches Auftreten Deutschlands legitimieren. In diesem Sinne mögen es wohl auch die zahlreichen Analysen und Empfehlungen meinen, die *Think-Tanks* wie beispielhaft die *Stiftung Wissenschaft und Politik (SWP)*, der *German Marshall Fund (GMS)*, die *Koerber-Stiftung* oder *Friends of Europe*, um nur einige zu nennen, in den letzten Jahren vorgelegt haben.

Das schöne Wort Verantwortung passt als Schlüssel für viele soziale Konstellationen – Eltern tragen sie für ihre Kinder, Wartungsingenieure für Flugzeuge, Chemiker für die Wissenschaftlichkeit ihrer Ergebnisse. Verantwortlich sein heißt, dafür einzustehen, dass die einem zugefallenen oder freiwillig übernommenen Aufgaben nach besten Kräften erfüllt werden. Das ist sozusagen moralische Pflicht. Als Schlüssel für politisches Handeln passt Verantwortung nur halb, nämlich in Kombination mit einem zweiten, der die Interessen aufschließt. Im gegenwärtigen außen- und sicherheitspolitischen Diskurs hierzulande meint, wer an »Deutschlands neue Verantwortung« (Ischinger/Messner 2017) appelliert, dem Land sei, weil es auf mehr Machtmittel zurückgreifen kann, die Aufgabe zugefallen, mit erheblich verstärktem Einsatz dieser Mittel, nicht zuletzt auch militärisch, an der Aufrechterhaltung der internationalen Ordnung mitzuwirken. Das liege auch im nationalen Interesse Deutschlands. Adressat dieses Aufrufs sind die Bundesregierung und mehr noch die Öffentlichkeit. Eine über Jahrzehnte hinweg relativ stabil gebliebene Mehrheit der Deutschen sträubt sich indes gegen diese Aufgabe, insbesondere gegen ihre militärische Dimension. Ihr soll mit dem Verantwortungsbegriff die moralische Pflicht zu nachdrücklicherer Außen- und Sicherheitspolitik suggeriert werden. Das klappt aber schon deshalb nicht, weil solche moralischen Pflichten in der zwischenstaatlichen Politik nicht vorkommen, stattdessen nur Interessen, wenn auch keineswegs nur materielle (Territorien, Rohstoffe, freie Handelswege usw.), sondern auch ideelle (Menschenrechte, kulturelle Vielfalt usw.) Diese Differenzierung mit dem Verantwortungsbegriff glattzubügeln, kann das damit gesteckte Ziel nur verfehlen.

Der letzte Anlauf in dieser Richtung war der, »Münchner Konsens« genannte, gemeinsame Auftritt des damaligen Bundespräsidenten Gauck, seines heutigen Nachfolgers und damaligen Außenministers Steinmeier und der damaligen Verteidigungsministerin von der Leyen auf der 50. Münchner Sicherheitskonferenz Anfang 2014. Vor diesem Forum, das internationale Resonanz garantierte (wenn auch nur bei den Experten), sollte eine Neueinstellung der deutschen Außen- und Sicherheitspolitik angekündigt werden, die auf Vorschläge aus der *Strategic Community* zurückging. Gefragt seien, so ließen sich diese Denkanstöße vielleicht kurz zusammenfassen, mehr Gestaltungswillen, mehr Führungsideen und mehr Initiativen auf der internationalen Bühne.

Diese Stichworte griffen jene drei Spitzenpolitiker in München auf. Ihre Reden waren aufeinander abgestimmt. Unter dem Leitbegriff der Verantwortung stellten sie die Forderung auf, Deutschland müsse sich entschlossener zu einem »Garanten internationaler Ordnung und Sicherheit« weiterentwickeln, sich bei internationalen Krisen und Konflikten »früher, entschiedener und substanzieller einbringen« und auch »bereit sein, mehr zu tun für jene Sicherheit, die ihr von anderen seit Jahrzehnten gewährt wurde«. In den Worten von Außenminister Steinmeier:

»Deutschland will und wird Impulsgeber sein für eine gemeinsame europäische Außen-, Sicherheits- und Verteidigungspolitik. Nur wenn wir unser Gewicht gemeinsam in die Waagschale werfen, im Süden wie im Osten, wird Europas Außenpolitik mehr sein als die Summe vieler kleiner Teile … Der Einsatz von Militär ist ein äußerstes Mittel. Bei seinem Einsatz bleibt Zurückhaltung geboten. Allerdings darf eine Kultur der Zurückhaltung für Deutschland nicht zu einer Kultur des Heraushaltens werden. Deutschland ist zu groß, um Weltpolitik nur von der Außenlinie zu kommentieren.«

Verteidigungsministerin von der Leyen hatte zuvor betont, dass für Deutschland angesichts der vielen Krisen in der Welt ein passives Abwarten nicht in Frage komme:

»Wenn wir über die Mittel und Fähigkeiten verfügen, dann haben wir auch eine Verantwortung, uns zu engagieren. Verstehen Sie mich nicht falsch: Dies bedeutet nicht, dass wir dazu tendieren sollten, unser ganzes militärisches Spektrum einzusetzen – auf keinen Fall ... Aber es bedeutet, dass wir die Verpflichtung und die Verantwortung haben, unseren Beitrag zu einer schrittweisen Lösung der aktuellen Krisen und Konflikte zu erbringen. Gleichgültigkeit ist für ein Land wie Deutschland keine Option, weder aus sicherheitspolitischer noch aus humanitärer Sicht.«

Der von manchen Beobachtern damals etwas über-euphorisch so genannte »Münchner Konsens« hat, so lässt sich einige Jahre später resümieren, die deutsche Außen- und Sicherheitspolitik nicht, allenfalls ein ganz klein bisschen, umgesteuert. Das Verantwortungsmantra übertönte erneut die Analyse der eigenen Interessen. Weltpolitik auf moralischen Zehenspitzen, damit bloß niemand alarmiert wird, weder die trotz aller Bündniserfahrungen misstrauischen Nachbarn noch die eigene Bevölkerung.

Das Präventionsmantra

Es gibt noch einen zweiten, oft und mit moralischer Befriedigung gebrauchten Leitbegriff für die deutsche Außen- und Sicherheitspolitik, der ebenfalls mantrahaft wiederholt wird und mit dem der weltpolitische Gestaltungswille der Regierung demonstriert werden soll: *Krisenprävention.*

Denken wir das einmal durch: *Wenn* die für die Außen- und Sicherheitspolitik eines Staates verantwortlichen Personen und Institutionen aus ihren Analysen der Weltlage auch nur ansatzweise herausfiltern können, wo, wie und wohin sich Krisen in naher Zukunft entwickeln, dann sind sie schon sehr gut. Denn oft genug kommen solche Krisen auch ganz unerwartet zustande und überraschen Freund und Feind. *Wenn* diese Personen und Institutionen auch über Mittel und Wege verfügten, in einer noch gar nicht ausgebrochenen oder sich in einem sehr frühen Stadium befindlichen Krise deeskalierend und stabilisierend einzugreifen, und *wenn* sie schließlich darüber hinaus ihre Mittel auch wirklich mit dieser Absicht zum Einsatz bringen, dann wären sie nicht von dieser Welt. Oder sie und alle, die ihnen das abnehmen, leben in einem Potemkinschen Dorf.

Das Auswärtige Amt in Berlin ist freilich ganz und gar von dieser Welt, und alle, die dort arbeiten, weisen vehement die Unterstellung zurück, in einem Potemkinschen Dorf zu leben. Dennoch wiederholt die in diesem Fall weitgehend vom Auswärtigen Amt bestimmte Sicherheitspolitik seit etlichen Jahren das Präventionsmantra. 2004 erblickte der mit vielen Vorschusslorbeeren bedachte »Aktionsplan Zivile Krisenprävention« das Licht der Welt. Seit 2016 gibt es das vom Amt geförderte *PeaceLab,* das konzeptionelle Überlegungen zu krisenpräventiven Engagements der Bundesregierung hervorbringen soll. Das Bundeskabinett verabschiedete 2017 Leitlinien zu den Themen »Krisen verhindern, Konflikte bewältigen, Frieden fördern«. Diese Leitlinien standen Pate für drei von mehreren Ressorts abgestimmte und 2019 veröffentlichte »Strategiedokumente« zur Sicherheitssektor-Reform, Rechtsstaatsförderung und Vergangenheitsarbeit mit dem Ziel der Versöhnung von Konfliktparteien.

Es ist nicht zu bestreiten, dass in diesen »Leitlinien«, »Aktionsplänen« und »Strategiedokumenten« viel Arbeit steckt, dass sie auch viel bedenkenswerte Argumente enthalten, Gutwilligkeit ausstrahlen und schlüssig wären, wenn sich ihre Prämissen der, sagen wir etwas grob: wirklichen Welt unterschieben ließen. Das geht aber nicht. Es ist kein Zufall, dass viele Jahrzehnte westlicher Entwicklungs(hilfe)politik und Militärhilfe die Krisenprozesse in den Krisengebieten nicht oder nur ganz kurzfristig zu stabilisieren vermochten. Auch der Mix von internationaler Sicherheitsunterstützung, externer Demokratieförderung, zivilen Aufbauprojekten und Förderung der Zivilgesellschaft (was und wer immer das in den jeweils konkreten Fällen ist) hat nicht viel von dem bewirkt, was beabsichtigt war. Wie einmal mehr über fast zwei Jahrzehnte hinweg das Beispiel Afghanistan zeigt. Die zivilmilitärische Wiederaufbauhilfe durch die sogenannten *Provincial Reconstruction Teams* (PRT) hat punktuell manches erreicht. Aber insgesamt waren sie kein Erfolg.

Gewiss ist Krisenstabilisierung eine wichtige Aufgabe, auch wenn, da sollte man ehrlich sein, das Adjektiv präventiv nicht recht am Platz ist: Es kann nur darum gehen, weitere Krisenzuspitzungen zu verhindern. Das wird aber schon mit dem Stabilisierungsbegriff ausgesagt. In Deutschland ist das Präventionsmantra so wohlgelitten, weil es suggeriert, man könne erfolgreiche Weltpolitik mit sanften zivilen Mitteln, das heißt ohne militärische Unterstützung betreiben. Übersehen wird dabei, dass auch die eigene »globale Handels-, Wirtschafts-, Klima- und Rüstungspolitik« strukturelle Konflikte antreibt (Kurtz 2019).

Lieber Zaungast sein, als ...

Seit der Gründung der Bundeswehr hat es unzählige Meinungsumfragen gegeben, in denen ihr Ansehen in der Bevölkerung und die öffentliche Einschätzung ihrer militärischen Effektivität eruiert werden sollten. Ebenso wurde der Grad des öffentlichen Verständnisses für die Aufgaben der Bundeswehr abgefragt oder, das kam dann in den 1990er-Jahren hinzu, welche Art Einsätze der Bundeswehr von der Öffentlichkeit mehr und welche weniger unterstützt wurden. Aus den Antworten lasen Regierung und Bundeswehrführung meistens heraus, dass die Streitkräfte in der Bevölkerung keinerlei Akzeptanzprobleme haben. Stimmt, aber es ist nur das halbe Bild. Wirklich beliebt ist die Bundeswehr als Instrument der Landesverteidigung (über die man sich jedoch keine genauere Vorstellungen macht). Wenn es um Auslandseinsätze geht, dann soll die Bundeswehr aber möglichst nur zivile Hilfe bei Naturkatastrophen leisten. Anders gesagt: Die Zustimmung zu Einsätzen der Bundeswehr nimmt in dem Maße ab, in dem die Notwendigkeit steigt, dabei auch militärische Gewalt einsetzen zu müssen.

Die Bundeswehr selbst ist unumstritten. Das Institut für Demoskopie Allensbach hat diesbezüglich seit der Mitte der 1980er-Jahre bis heute kaum Veränderungen festgestellt. Aber eine in Sachen Militäreinsätze weniger zurückhaltende Außen- und Sicherheitspolitik Deutschlands findet keine mehrheitliche Zustimmung. Auch das lässt sich gewissermaßen als Konstante in der öffentlichen Meinung festhalten. Typisch etwa die Antwort vom Dezember 2019 auf die Frage, ob die Bundeswehr, wie Frau Kamp-Karrenbauer es gefordert hat, in der Welt eine deutlich aktivere Rolle spielen solle. Dem stimmten nur 20 Prozent der Befragten zu, 60 Prozent von ihnen verneinten dies klar.

Auch diese Zahlen sind keine einmaligen Ausreißer, sondern ergaben sich je nach Fragestellung mit kleineren Variationen über die Jahre immer wieder. Am deutlichsten spiegelt sich das in der öffentlichen Einschätzung des Afghanistan-Einsatzes der Bundeswehr. Solange er als Stabilisierungseinsatz und Aufbauhilfe wahrgenommen wurde, gab es überwiegend Zustimmung. Die aber bröckelte stetig ab, als immer deutlicher wurde, dass es sich um einen Kriegseinsatz handelte, der erstens von den Einheimischen nicht durchweg als Befreiung begrüßt wurde und zweitens mehr und mehr Tote und Verwundete auch unter den deutschen Soldaten forderte.

In den linken Interpretationsschablonen erscheint die demonstrative Unlust der Deutschen, politische Ziele auch mit militärischen Mitteln durchzusetzen, d. h. unter Umständen eben auch kriegerisch, als tief verinnerlichte Lehre aus dem Zweiten Weltkrieg und als eine Art Immunisierung gegen die »Wiederkehr des Faschismus«. Dass mit denselben Denk-Schablonen allüberall neue Knospen des Faschismus ausgemacht werden, steht auf einem anderen Blatt. In den rechten Interpretationsschablonen wird dasselbe Phänomen hingegen als eine Folge kollektiver Gehirnwäsche der Deutschen durch die Siegermächte des Zweiten Weltkriegs gedeutet.

Beides ist Unsinn und lenkt nur von dem eigentlich erklärungsbedürftigen Sachverhalt ab.

Trotz unübersehbarer Veränderungen der globalisierten Sicherheits- und Bedrohungslage, trotz der Anstöße aus dem internationalen Umfeld (UNO, NATO) und trotz aller Versuche des politischen Establishments (siehe »Münchner Konsens«) und der *Scientific Community* (siehe die wachsende Zahl der diesbezüglichen *Think-Tank-Papers)* ist die »Kultur der Zurückhaltung« in der deutschen Außen- und Sicherheitspolitik über Jahrzehnte hinweg weitgehend stabil geblieben. Und die typisch deutsche Schwierigkeit, die Bundeswehr im Rahmen dieser Politik auch für gewaltsame Interessen- und Ordnungskonflikte einzusetzen, besteht weiter.

Woran liegt das? Hauptsächlich an drei sich gegenseitig verstärkenden Gründen:

Erstens fehlt es in Deutschland an einer über relativ kleine Zirkel hinausgehenden, kontinuierlichen – und nicht nur von Zeit zu Zeit hysterisch aufflammenden, aber bald wieder in sich zusammenfallenden – Debatte über weltpolitische Entwicklungen und ihre Auswirkungen auf das eigene Land. Den außen- und sicherheitspolitischen Experten innerhalb und außerhalb des Regierungsapparats ist es nicht gelungen, dies zu ändern.

Zweitens herrschen in der Öffentlichkeit, aber auch unter den Experten keine oder sehr widersprüchliche Vorstellungen über eine angemessene, diplomatische und nichtdiplomatische, sanfte und harte Machtmittel klug und weitsichtig einsetzende Gesamtstrategie für Deutschland.

Und *drittens* ziehen die Deutschen in allen politischen Lagern aus Bequemlichkeit die Rolle des weltpolitischen Zaungastes vor und verschließen sich der Erkenntnis, dass sie damit auf längere Sicht ihre eigene Sicherheit und ihr Wohlergehen aufs Spiel setzen.

Welche Bundeswehr wozu?

Ende November 1989 gab es eine Volksabstimmung über die Abschaffung der Armee. Das Votum brachte das politische Establishment und die Militärführung ins Schwitzen: Immerhin 35,6 Prozent der Abstimmenden bejahten die Abschaffung der Streitkräfte.

Gewiss, die öffentlichen Debatten und die Abstimmung fanden nicht in Deutschland statt. Aber in einem Nachbarland und ausgerechnet dort, wo der militärische Selbstverteidigungswille sich über Generationen ausgeprägt hat und zu einem festen Bestandteil der nationalen Identität geworden ist. Nämlich in der Schweiz. Die Initiative »Schweiz ohne Armee« hatte damit überraschend lautstark einen, wenn man das so sagen darf, pazifistischen Warnschuss abgegeben, der die politische und militärische Führung des Landes ganz schön aufschreckte.

In Deutschland bemühten sich Anfang 1990 etliche linke Organisationen, dem Vorbild der pazifistisch und am linken Rand des politischen Spektrums angesiedelten »Gruppe Schweiz ohne Armee« (GSoA) zu folgen. So rief das »Komitee für Grundrechte und Demokratie« »die Bürgerinnen und Bürger der Bundesrepublik auf, mit denselben Energien, die sie noch vor kurzem in der großen Friedensbewegung der achtziger Jahre entfaltet hatten, mit derselben Fantasie und Kreativität alle verfügbaren demokratischen und gewaltfreien Mittel zu mobilisieren, um die politischen Repräsentanten zu der historischen Entscheidung einer ersatzlosen Auflösung der Bundeswehr zu drängen.« Die Resonanz auf diesen und ähnliche Aufrufe blieb indes vergleichsweise mehr als bescheiden.

Unmittelbar nach der Vereinigung Deutschlands am 3. Oktober 1990 waren Verteidigungsministerium und Bürokratie mit der nicht einfachen Aufgabe beschäftigt, die ostdeutsche Nationale Volksarmee (NVA) oder was von ihr übrig geblieben war, in die Bundeswehr zu übernehmen und zugleich deren Truppenstärke erheblich zu reduzieren. Nach der flapsigen Formulierung des damaligen Verteidigungsministers Rühe war Deutschland seit dem Zusammenbruch des östlichen Lagers »von Freunden umzingelt«. Das war 1992. Brauchte man da noch die Bundeswehr? Der Grund, warum das »Komitee für Grundrechte und Demokratie« Volker Rühe nicht zu seinem Ehrenmitglied machte, war dessen Versuch, die Bundeswehr auf neue Aufgaben und Einsatzarten umzustellen.

Defizitärer Diskurs

Wenn auch weder das linke Komitee noch der scherzende Verteidigungsminister von der CDU den damaligen sicherheitspolitischen Diskurs im Lande repräsentierten, fällt doch hier wie dort auf, dass man keine genaueren Vorstellungen über den Zweck der Streitkräfte zu haben schien. »Können weg«, hieß es hier; »Sind nicht mehr so wichtig« meinte man dort (selbst wenn es nicht ganz wörtlich gemeint war).

Jedoch bekommen heute wie damals Fragen wie »Wozu braucht man die Bundeswehr eigentlich?« oder »Was sind ihre Funktionen in Staat und Gesellschaft und in der internationalen Politik?«, wenn überhaupt, meist irritierte, manchmal irritierende Antworten, oft aber auch nur ein Achselzucken. Zwar hat sich die Regierung, etwa in ihren Weißbüchern über die Sicherheitspolitik und die Bundeswehr, darum bemüht, Antworten zu formulieren, die angemessen sein und zugleich um öffentliche Zustimmung werben sollten. Aber eine kohärente strategische Ausrichtung der deutschen Sicherheitspolitik zu formulieren, ist ihr bis heute nicht recht gelungen. Das ist kein *Public Relations-* oder *Marketing*problem, sondern spiegelt führungsinterne Differenzen und Unsicherheiten wider. Die viel beschworene politisch-militärische Kultur der Zurückhaltung droht immer mal wieder in eine Kultur des sich Heraushaltens umzuschlagen, indem man ein entscheidendes Instrument für die Außen- und Sicherheitspolitik, nämlich die Bundeswehr, Einschränkungen unterwirft, die unter anderem auch zu Dissonanzen mit den europäischen Partnern und der NATO führen. Die Bundesregierung verstrickt sich in sicherheitspolitische Zielkonflikte, die in Koalitionen noch dadurch verstärkt werden, dass die Spitzenpolitiker der entscheidenden Ministerien (Auswärtiges Amt und Verteidigungsministerium) unterschiedlichen Parteien angehören. Da nützt es auch wenig, dass die ganz überwiegende Zahl der sicherheitspolitischen Experten außerhalb der Regierung eine Neubewertung, das heißt Aufwertung der Bundeswehr als Instrument deutscher Sicherheitspolitik fordert. Das von einer Minderheit unter ihnen ins Feld geführte Gegenargument von der »Militarisierung« deutscher Politik erschreckt ganz offensichtlich die Regierungsverantwortlichen. Und es hat, wenn auch in abgeschwächter Form, großen Widerhall in der Öffentlichkeit. Ein scharfsichtiger Soziologe hat schon 2002 formuliert, die Bevölkerung akzeptiere die Bundeswehr als eine um ihre »kriegerische Kampfeinsatzkomponente« gekürzte Armee *light*, die sich am besten auf humanitäre Hilfs- und Katastropheneinsätze beschränken soll. Anders gesagt: Auf die Frage »Wozu Bundeswehr?« gibt es nur halbe und unfertige Antworten in Deutschland.

Der letzte Versuch der Bundesregierung, den engeren Kreis der Experten innerhalb und außerhalb staatlicher Einrichtungen plus den interessierteren Teil der Öffentlichkeit zu einem selbstkritischen, umfassenden und zukunftsbezogenen Diskurs über die Sicherheitspolitik Deutschlands, seine politischen und strategischen Interessen und über die Gestalt und Rolle der Bundeswehr zu bewegen, liegt nun auch schon wieder einige Jahre zurück. Nach dem wie ein Stein im Wasser allgemeiner Gleichgültigkeit versunkenen »Münchner Konsens« 2014 sollte das »Weißbuch zur Sicherheitspolitik und zur Zukunft der Bundeswehr« im Sommer 2016 nach sorgfältiger Vorbereitung im Verteidigungsministerium zum Impulsgeber für eine neue Bestimmung des Stellenwerts von Sicherheitspolitik allgemein und der Bundeswehr im Besonderen werden. Einmal mehr verkündete das Verteidigungsministerium eine »neue« Gesamtkonzeption für die Bundeswehr (siehe nächstes Kapitel ab Seite 151).

Viel ist daraus nicht geworden. Die kleine Welle von durchaus differenzierten Stellungnahmen in Presse und Öffentlichkeit verebbte bald wieder und machte dem Üblichen Platz: kleineren sicherheitspolitischen Hakeleien zwischen Regierung und Opposition und nicht ganz so kleinen Hakeleien zwischen den Parteien der Großen Koalition.

Ministerin von der Leyen und ihre seit Mitte Juli 2019 amtierende Nachfolgerin Kramp-Karrenbauer konnten im Kabinett durchsetzen, dass der Etat des Verteidigungsministeriums in den nächsten Jahren kontinuierlich ansteigen wird. Der Bundestag hat dies mehrheitlich gebilligt, hauptsächlich auf amerikanischen Druck hin. Es kann aber sein, dass die Finanzprobleme infolge der Corona-Pandemie den geplanten Etaterhöhungen den Teppich unter den Füßen wegziehen.

Strategisch denken

In der Politik von Staaten braucht es für eine Strategie *(Grand Strategy)* erprobte Instrumente zur Analyse der internationalen Lage und der eigenen Potenziale, Interessen und Optionen. Bei letzteren geht es um längerfristige, mitunter sehr langfristige Ziele, Prioritäten und Grundsätze für das eigene Handeln. Je klarer und wirklichkeitsgetreuer die Lagebeurteilung ausfällt, desto eher können grobe und subtile Fehlentscheidungen im politischen Verkehr mit anderen Staaten und anderen Machtakteuren vermieden werden. Die eigenen Potenziale, das sind natürlich Machtmittel wirtschaftlicher, finanzieller, kultureller, diplomatischer und – wie in der Vergangenheit, so auch im 21. Jahrhundert – nicht zuletzt militärischer Art.

Strategisch denken bedeutet für die Regierungspolitik von Staaten und der auf dieser Ebene mitspielenden internationalen und transnationalen Akteure das Kombinieren von vertieften weltpolitischen Lageanalysen mit interessegeleitetem Handeln für kurze, mittlere und längere Fristen. Außerdem gehört die Fähigkeit dazu, das eigene Handeln zu überprüfen und, wenn nötig, zu korrigieren. Im Kern umfasst strategiegeleitetes Handeln die Einschätzung der eigenen Machtmittel und die Entscheidung darüber, ob und wie diese zur Durchsetzung eigener Ziele effektiv eingesetzt werden sollen – eine nicht einfache Entscheidung, können falsch eingeschätzte und eingesetzte Machtmittel sich doch rasch in Luft auflösen. Auch muss in Rechnung gestellt werden, dass diese ganz unterschiedlich wirken und sich unter Umständen gegenseitig in die Quere kommen können. In demokratischen Staaten kommt hinzu, dass die nationale Strategie *(Grand Strategy)* von der eigenen Gesellschaft grundsätzlich akzeptiert werden muss. Ohne solche Akzeptanz droht die Abwahl der Regierung.

Verengt man das Blickfeld weg vom »großen Bild« langfristig weitgehend festliegender nationaler Interessen und konzentriert sich auf die strategische Handlungsebene, fällt ins Auge, dass viele Staaten mit längeren Traditionen in ihrer politischen Kultur spezifische Muster hinsichtlich des Einsatzes ihrer Machtmittel ausgeprägt haben. Das hängt freilich auch von äußeren Faktoren (geografische Lage) ab, über welche Art Machtmittel (Rohstoffe und andere ökonomische Ressourcen, Streitkräfte) man verfügt und davon, über wie viele man disponieren kann.

Die *Grand Strategy* eines Landes setzt sich aus mehreren Einzelstrategien zusammen, die sich auf bestimmte Politikfelder beziehen und praktischerweise möglichst gut zusammenpassen sollten. Nicht alle Einzelstrategien, aber ein großer und wegen der strukturell zunehmenden Störungsanfälligkeit moderner Gesellschaften immer wichtiger gewordener Teil von ihnen zielt auf die Festigung der Sicherheit von Staat und Gesellschaft. Zusammengefasst werden sie als *Sicherheitsstrategien* bezeichnet. Früher war klar, dass es bei diesem Terminus um Sicherheit mithilfe von Streitkräften ging. Inzwischen gibt es einen ganzen Strauß von Sicherheitsstrategien: Etwa solche zur Sicherung der für das Funktionieren einer Gesellschaft nötigen Energie und der benötigten Rohstoffe, Strategien zur Abwehr oder Milderung von Gefahren wie dem Klimawandel und Umweltschäden, einer negativen demografischen Entwicklung oder zur Prävention und der Bekämpfung von Pandemien. Das klingt vielleicht so, als spielten die Streitkräfte für die Sicherheit eines Landes nur noch eine nachgeordnete Rolle. Nichts könnte falscher sein.

Denn Streitkräfte sind die zuständige Organisation, Soldaten ihre Experten für den Einsatz von Gewalt. Über den meisten Konfliktfeldern, in denen es um Sicherheit geht, wie zivil diese Konfliktfelder im Einzelnen auch immer aussehen mögen, hängt wie ein Damoklesschwert die Möglichkeit ihrer Eskalation in Gewalt und Zerstörung. Dafür nicht vorbereitet, nicht gerüstet zu sein, wäre fahrlässig. So sehen es jedenfalls heute wie früher die Staatsführungen. Wobei bis Mitte des 20. Jahrhunderts die Ausrichtung der Streitkräfte auf die Kriegsführung im Vordergrund stand, was heute durch eine Palette zusätzlicher Zwecke wie Kriegsverhinderung, Krisenstabilisierung, Friedenssicherung *(Peacekeeping)* ergänzt wird. Wenn man aber ihre »kriegerische Kampfeinsatzkomponente« außer Acht lässt, vernachlässigt oder verdrängt, stellt man nicht nur die Streitkräfte auf wackeligen Boden, man schwächt damit zugleich eine in der gegenwärtigen unübersichtlichen Weltlage sehr wichtige Fähigkeit, nämlich die eigene Strategiefähigkeit.

Nun lässt sich schwerlich leugnen, dass es in Deutschland vor allem auf der Vermittlungsebene zwischen der politischen und der militärischen Führung an Strategiefähigkeit mangelt (Terhalle 2020). Auf dieser Ebene braucht es aber strategisches Denken, um das Profil und die professionellen Handlungsmöglichkeiten der Streitkräfte auf die vorgegebenen politischen Zwecke im Rahmen der nationalen *Grand Strategy* auszurichten – so optimal wie möglich.

In diesem Überschneidungsbereich politischer und militärischer Überlegungen reicht es nicht, auf den grundsätzlich sinnvollen und grundgesetzlich festgeschriebenen Primat der Politik über die Streitkräfte zu verweisen. Es muss ein genügend ausgebildetes Verständnis der politischen Führung (am besten aber auch der Öffentlichkeit) für die professionellen Belange der Streitkräfte hinzukommen, allein schon deshalb, um nicht völlig falsche Erwartungen von deren Möglichkeiten auszubilden. Und ebenso braucht es ein genügend ausgebildetes Verständnis der militärischen Führung (am besten aber auch des

Offizierskorps insgesamt) für die Handlungsoptionen und -restriktionen von Regierung und Parlament, um diese angemessen beraten zu können und sie in Einsatzsituationen nicht zu desavouieren. Klaus Naumann (2008) hat dies die »Politikbedürftigkeit des Militärischen« genannt.

Strategiekommunikation

Wer keine Strategie hat, kann sie auch nicht kommunizieren, so lautet die Überschrift eines für die deutsche Sicherheitspolitik wenig schmeichelhaften Beitrags von Isabella Pfaff (2019) auf der Website des vom Auswärtigen Amt unterstützten *PeaceLab*. Er reiht sich ein in die beträchtliche Anzahl von kritischen Stellungnahmen und Kommentaren zur Berliner Sicherheitspolitik und zur Rolle der Streitkräfte. Das Problem scheint so unübersichtlich zu sein wie der Teich in einem klassischen japanischen Garten – von einem einzigen Standpunkt aus überblickt man niemals zugleich sämtliche Ufer. In unserem Fall heißt das: Der Bundesregierung mangelt es an einem in sich stimmigen strategischen Grundkonzept. Sie kann es deshalb auch nicht kommunizieren, weder in die eigene Gesellschaft hinein noch nach außen zu den Verbündeten und den übrigen Akteuren auf der internationalen Bühne.

Dieser Befund mag alle diejenigen erbittern, die in der Legislative und vor allem in der Exekutive, in den Ministerien und den Streitkräften auf der Suche nach einem strategischen Gesamtkonzept für Deutschland sind und sich insbesondere auch mit militärstrategischen Konzepten für die Ausrichtung der Bundeswehr beschäftigen. Es sind ja auch tatsächlich seit 1990 ganze Papierberge mit entsprechenden Überlegungen bedruckt und eine Unmenge von Dateien als *Downloads* für Interessierte ins Netz gestellt worden. Eine Änderung von öffentlichen Wahrnehmungen und Einstellungen gegenüber den Zielen und Mitteln deutscher Sicherheitspolitik ist damit jedenfalls nicht erreicht worden. Das ist eigentlich beschämend für eine demokratische Gesellschaft, die zwar einerseits ihre anti-militaristischen Lektionen aus der ersten Hälfte des 20. Jahrhunderts gelernt hat (und auch keinesfalls in den Wind schlagen soll). Die andererseits aber auch so etwas wie eine Perzeptionsverweigerung praktiziert, sagen wir auf Deutsch: einer Selbsttäuschung anheimfällt, was die gegenwärtigen Risiken, Gefahren sowie direkten und indirekten Bedrohungen der eigenen Sicherheit angeht.

Das Bild einer mit unermüdlicher sicherheitspolitischer Aufklärung der Öffentlichkeit beschäftigten Berliner Politik ist indes auch wiederum trügerisch. Der Eindruck, den etwa das *»Weißbuch 2016«* hinterlässt, ist zwiespältig. Denn das große Ziel, die Strategiefähigkeit Deutschlands zu erhöhen, wird mit Absichtserklärungen und Maßnahmeplanungen angestrebt, die vollmundig klingen, jedoch nicht wirklich angemessen sind. Der viel gerühmte »vernetzte Ansatz« der Sicherheitspolitik bleibt weitgehend rhetorisch oder mini-pragmatisch. Strategiekommunikation ohne konstruktive Zusammenarbeit der Ressorts betreiben zu wollen, ist gewiss nicht zielführend. Aber es kann sich dabei nur um eine Voraussetzung, nicht, wie das *Weißbuch* suggeriert, um das Herzstück von Strategiekommunikation handeln. Vielmehr kommt es auf zweierlei an:

Erstens nach *innen* einen möglichst breiten gesellschaftlichen Konsens über die strategischen Ziele, gestaffelt nach ihrer Priorität, herzustellen und zu pflegen, sowie über die einzusetzenden Mittel, um sie zu erreichen. Ohne einen solchen Konsens fehlt die Akzeptanz zum Beispiel von Militäreinsätzen.

Zweitens die eigene Sicherheitsstrategie verlässlich nach *außen* zu kommunizieren, damit die eigenen Interessen und Ziele im Alltagsgetriebe der internationalen Politik und insbesondere in internationalen Krisen und Konflikten von anderen Akteuren richtig verstanden und das eigene Verhalten von diesen mit einiger Zuverlässigkeit eingeschätzt werden kann. Denn in solchen Situationen wirken sich Fehleinschätzungen in der Regel fatal aus.

Bislang hat es keine Bundesregierung in den letzten Jahren geschafft, vor sich selbst nicht und ebenso wenig vor der eigenen wie internationalen Öffentlichkeit, eine kohärente Sicherheitsstrategie zu formulieren. Auch gelang es bislang nicht, genauer festzulegen, welche Rolle die Bundeswehr in einer solchen Strategie spielen soll. Wenn es wie zu Beginn des Jahres 2020 in Libyen um Krisen und Konflikte geht, deren Einfluss auf die eigene Sicherheit überdeutlich ist, bietet Deutschland finanzielle Mittel und zivile Dienste an, was lobenswert ist. Aber ist ein militärischer Beitrag zur Konfliktabmilderung gefragt, dann »wird es stiller«, wie die Neue Zürcher Zeitung (20. Januar 2020) geschrieben hat.

Man kann in diesem in Jahrzehnten zu einem Muster deutscher Sicherheitspolitik gewordenen Verhalten eine Art negative Strategiekommunikation sehen.

Wieder eine Neuausrichtung

Seit mehr als zehn Jahren versucht das Verteidigungsministerium, eine, wie das dazu verwendete Etikett lautet, *Neuausrichtung* der Bundeswehr in die Wege zu leiten. Damit werden tiefergehende und nachhaltige Änderungen der Streitkräfte angekündigt, wobei allerdings zunächst offenbleibt, welche Veränderungen wie und in welchem zeitlichen Rahmen vorgenommen werden sollen. Im *Weißbuch 2016* wird durchaus selbstkritisch darauf hingewiesen, das Aufgabenspektrum der Bundeswehr müsse mit ihrer Ressourcenausstattung wieder in Einklang gebracht werden. Die Bundeswehr sei gegenwärtig zur Erfüllung der ihr von der Politik gesetzten Ziele nicht richtig aufgestellt. Stimmt.

Diese Erkenntnis geht einmal auf die nur mühsam gelernten Erfahrungswerte in den beiden parallelen Afghanistan-Einsätzen *Operation Enduring Freedom* (OEF) und *International Security Assistance Force* (ISAF) zurück. Über die mangelhafte Ausstattung der Soldaten und die verbindlichen, restriktiven Einsatzregeln *(Rules of Engagement)* ist seinerzeit viel Kritisches geschrieben worden, beispielsweise auch in den Jahresberichten des Wehrbeauftragten des Deutschen Bundestages. Rasche Verbesserungen und Anpassungen an die Lage auf dem Kriegsschauplatz blieben aus. Die militärische Präsenz Deutschlands in Afghanistan seit Ende 2001 wurde bekanntlich zunächst nur als eine Art Sicherheitsdienst für zivile Aufbauhilfe interpretiert. Tatsächlich betätigten sich ja viele staatliche und nicht staatliche zivile Hilfsorganisationen, einschließlich einer UNO-Unterstützungsorganisation (UNAMA) im Lande, um beim Wiederaufbau nach den Kriegsjahren der sowjetischen Intervention (1979–1989) und dem anschließenden Bürgerkrieg sowie bei der Transformation des Landes in eine post-islamistische Demokratie zu helfen. Das Militär sollte eigentlich nur restliche al-Qaida- und Taliban-Kämpfer aufspüren und neutralisieren und ansonsten nach Möglichkeit beim zivilen Aufbau behilflich sein.

Dieses Bild der Afghanistan-Mission und der Rolle der Bundeswehr dabei stieß, darüber wird sich niemand wundern, in Deutschland auf mehrheitliche Zustimmung. Sie schmolz dahin, als ab 2005/2006 zunehmend deutlicher wurde, dass die Mission insgesamt, so auch das Bundeswehr-Kontingent, mehr und mehr in Kämpfe mit den wiedererstarkten Taliban verwickelt wurden. Auch die Bundeswehr beklagte bald Gefallene und Verwundete in den eigenen Reihen. Leider wurden die Erfolge von ISAF und der Bundeswehr in Afghanistan auch dann noch schön geredet, selbst von hochrangigen, erfahrenen Offizieren vor Ort, als längst unübersehbar geworden war, dass es mit der Befriedung und Transformation des Landes nichts würde. Die ausländische, auch die deutsche Militärpräsenz in Afghanistan dient seit ein paar Jahren nur noch der Begrenzung von schlimmsten Schäden. Unterm Strich ergibt sich, dass das westliche Afghanistan-Projekt gut gemeint, aber schlecht gemacht war. Die Bundeswehr war für den ihr zugedachten Part schlecht vorbereitet, mental und was ihre materielle Ausstattung betrifft.

Ein zweiter Anstoß für Korrekturen bei der Ausrichtung der Bundeswehr kommt, nun ja, aus dem Osten. Die völkerrechtswidrige Einverleibung der Krim durch Russland Anfang 2014 war der Startschuss für separatistische Gruppen im Osten der Ukraine. Mithilfe verdeckter militärischer Unterstützung durch Russland zielen sie auf die Abspaltung der Landesteile Donezk und Luhansk. Seither gibt es auf dem Territorium der beiden ›Volksrepubliken‹ einen niedrigschwelligen, aber opferreichen Krieg, in dem Russland die Separatisten tatkräftig unterstützt. Dieses russische Expansionsstreben hat in manchen Staaten Ost-Mitteleuropas, besonders in Polen und in den drei baltischen Staaten, große Befürchtungen geweckt. Als Mitglieder der NATO haben sie um die glaubwürdige Demonstration der Verteidigungsbereitschaft des Militärbündnisses nachgesucht. Dem hat die Allianz entsprochen und Truppen an ihre östliche Grenze verlegt sowie eine Reihe von Militärmanövern in Polen und im Baltikum angekündigt und abgehalten. Alles so, dass die russische Führung, mit der man ohnehin in vielfachem Kontakt steht, ihrerseits keine Handhabe hat, um sie in Maßnahmen zur Eskalation der konfliktschwangeren Situation umzudeuten.

Den aktiven Part bei diesen von der NATO eingeleiteten Schritten spielen die USA; aber auch Deutschland ist sehr daran interessiert, den an Russland grenzenden NATO-Staaten seiner Bündnistreue zu versichern. Nur hat sich herausgestellt, dass die Bundeswehr im Falle einer militärischen Eskalation seitens Russlands über zu wenig angemessen ausgerüstete Truppen verfügen würde, um überhaupt als wirksamer *Security Provider* in Erscheinung treten zu können. Um diese Fähigkeitslücke zu schließen, sehen die Planungen nun eine weitere Neuausrichtung der Bundeswehr vor.

Demzufolge hat die zivile und militärische Führung der Bundeswehr beschlossen, die Streitkräfte so umzubauen, dass Landesverteidigung und Auslandseinsätze gleichrangig nebeneinander stehen. Wobei die Landesverteidigung ein komplexeres Aufgabenprofil hat als noch zur Zeit des Ost-West-Konflikts. Wenn es um das (in der Formulierungen der Planer ziemlich hochgesteckte) Ziel geht, das eigene Territorium und das der Bündnispartner voll umfänglich zu Land, zu Wasser, in der Luft, im Weltraum und im Cyberraum zu verteidigen, dann bedeutet das den Abschied von der Vorstellung, dass gegenwärtig und in Zukunft auf die Streitkräfte primär Einsätze zur Krisenstabilisierung, Konflikt-Deeskalation oder Hilfseinsätze auf anderen Kontinenten zukommen werden.

Auslandseinsätze verschiedenster Art, bei denen auch unterschiedliche Fähigkeiten der Soldaten verlangt werden, wird es allerdings in den nächsten Jahren nicht weniger geben – jedenfalls wird sich die Bundesregierung mit entsprechenden Erwartungen auseinandersetzen müssen. Spätestens seit 2014 signalisiert Berlin auch die Bereitschaft zu mehr Engagement. Das ist Teil des (Mit-)Führungsanspruchs in Fragen der europäischen Sicherheit und der über Europa hinausgehenden Sicherheitspolitik.

Landesverteidigung darf man sich unter den Bedingungen des 21. Jahrhunderts keinesfalls als eine Wiederkehr der militärischen Strukturen und Strategien der Jahrzehnte vor 1990 vorstellen. Dafür hat es zu viele Neuerungen in der Ausrüstung und Bewaffnung der Soldaten gegeben. Infolgedessen müssen Verteidigungsoperationen heute anders angelegt sein als damals. Die wichtigste Herausforderung, die bewältigt werden muss, ist die Verletzlichkeit großer Segmente des staatlichen und gesellschaftlichen Lebens, ja der Funktionszusammenhänge der Gesellschaft insgesamt, durch Cyberattacken.

In der Vergangenheit hat es bei der Frage »Welche Bundeswehr wollen wir?« häufig eine künstliche Gegenstellung der beiden Grundaufgaben gegeben. Wer Deutschland als »von Freunden umzingelt« ansieht, für den ist die Landesverteidigung zweitrangig geworden. Demgegenüber sind sowohl aus linker als auch aus weit rechter Perspektive Auslandseinsätze der Bundeswehr nichts als Ressourcenvergeudung. Nur in diesem Punkt überschneiden sie sich; ansonsten klaffen die linken Vorstellungen (in der PDS) und die rechten Vorstellungen (in der AFD) über die Streitkräfte weit auseinander. Auf jeden Fall besteht die Gefahr, dass mit der Neuausrichtung der Bundeswehr die in den letzten zehn, fünfzehn Jahren mühsam ausgebildete Priorität für Auslandseinsätze zu stark zurückgenommen wird.

Tatsächlich lassen sich die Grundaufgaben Landesverteidigung und Auslandseinsätze durchaus miteinander in Einklang bringen. Ganz einfach ist das nicht, aber es kann klappen. Man muss ihrem Überschneidungsbereich bevorzugte Aufmerksamkeit schenken und entsprechend alle Möglichkeiten zu Synergien und multiplen professionellen Kompetenzen bei Ausbildung, Ausrüstung, Bewaffnung und Führung der Soldaten nutzen. Das klingt ebenso anspruchsvoll wie schwierig, weshalb ein solches Vorhaben auch vom Scheitern bedroht ist. Vor allem dann, wenn man es bürokratisch-borniert und einfallsarm in Angriff nimmt. Also so wie jetzt.

Manche halten die wieder mal proklamierte Neuausrichtung der Bundeswehr mit dieser Entscheidung der Gleichrangigkeit von Landesverteidigung neuer Art und Auslandseinsätzen schon für erfolgreich abgehakt. Doch das beruht auf einer argen Fehleinschätzung und

Wunschdenken. Selbstverständlich kommt es auf den Umsetzungsprozess an, der mit mannigfachen Schwierigkeiten fertig werden muss. Nicht nur, worauf das folgende Unterkapitel eingehen wird, auf die der Bundeswehr zur Verfügung stehenden Finanzmittel. Eine große Anzahl schwieriger Fragen, von der Militärstrategie bis hin zur Logistik, von Bündnisüberlegungen bis zur Streitkräfteplanung, wird sich in den nächsten Jahren immer einmal wieder in den Vordergrund schieben, vorzugsweise jeweils dann, wenn gerade etwas schief läuft.

Nehmen wir als Beispiel nur den Bereich der Militärstrategie, also um die optimale Bereitstellung militärischer Mittel zur Erfüllung der von Regierung und Parlament vorgegebenen sicherheitspolitischen Ziele und um die abgestimmte Komposition militärischer und nichtmilitärischer Maßnahmen und Machtmittel. Diese abgestimmte Komposition, für die es die schon erwähnten »Politikfähigkeit der militärischen Führung« bedarf, kommt ja nicht nur in Entscheidungsprozessen über Auslandseinsätze ins Spiel. Sie wird vielmehr bei der ganzen Breite der Entscheidungen über militärische Prioritäten in Ausstattung und Bewaffnung benötigt. Die »Konkurrenz« von Heer, Luftwaffe und Marine um teure Waffensysteme muss in jedem Fall in militärstrategische Optionen übertragen und diese dann unter dem Gesichtspunkt der bestmöglichen Sicherung nationaler Interessen entschieden werden – politisch und mit militärstrategischem Sachverstand.

Hier ergeben sich etwa Fragen nach den maritimen Interessen Deutschlands, einmal was die Sicherheit der Handelswege betrifft, aber auch den Schutz vor terroristischen Attacken im eigenen Küstenvorfeld oder in Häfen.

Eine andere, nur scheinbar ganz abseitige Frage ist die nach der künftigen Rolle von Nuklear- und anderen Massenvernichtungswaffen bei der Landesverteidigung. Wie muss die Bundeswehr – die über keine eigenen Waffen dieser Art verfügt, was sich auch in den nächsten Jahren nicht ändern wird – auf die Existenz solcher Waffensysteme im Umfeld reagieren?

Sicherheitsgefährdung durch Pandemien und Seuchen

Schon im *Weißbuch 2006* findet sich der Satz »Pandemien und Seuchen können sich zu einer ernsthaften Gefahr für Stabilität und Frieden entwickeln.« Zehn Jahre später scheint dieser Gedanke sicherheitspolitisches Gemeingut geworden zu sein – im *Weißbuch 2016* werden Pandemien und Seuchen bei der Aufzählung der Herausforderungen für die deutsche Sicherheitspolitik mit einem eigenen Unterkapitel bedacht. Dabei wird als Herausforderung in erster Linie die Bedrohung der nationalen und internationalen Gesundheitsversorgung gesehen, mit potenziell drastischen Folgen für die komplexen wirtschaftlichen und sozialen Strukturen und damit für das Alltagsleben der Menschen. Wie drastisch diese Folgen sein können, erleben wir seit dem Januar 2020 zeitverschoben in mehr oder weniger allen Staaten dieser Erde.

Was nicht in den Weißbüchern thematisiert und auch bis heute kaum debattiert wird, sind die direkten Folgen von Pandemien für die Streitkräfte selbst. Dafür nur drei Beispiele vom April 2020:

- das Manöver Defender-Europe 20, die umfangreichste Truppenverlegung der NATO seit Jahrzehnten, ist, bevor es richtig losging, wegen des Corona-Virus weitgehend abgesagt worden;
- der französische Flugzeugträger *Charles de Gaulle* liegt im Hafen von Toulon fest, weil mehr als die Hälfte der etwa 2000 Besatzungsmitglieder mit dem Corona-Virus infiziert ist;
- die Bundeswehr verschiebt wegen der Ansteckungsgefahr mit dem Corona-Virus den Beginn der Ausbildung ihrer zum 1. April eingestellten Rekruten vorerst auf den 1. Juni 2020.

Während im zivil-orientierten Diskurs über die Bundeswehr in der Corona-Krise über die (begrenzten) Hilfsmöglichkeiten ihres Sanitätsdienstes für die Krankenhäuser nachgedacht wird und alle Beteiligten die militärische Übernahme von Maßnahmen zur Aufrechterhaltung der inneren Ordnung mit Recht weit von sich weisen, sind Überlegungen und kritische Anfragen zur materiellen und infrastrukturellen Vorbereitung in den Streitkräften auf Pandemien wie der, die wir gegenwärtig durchmachen, nur ganz leise zu hören.

Außerdem: auf die nervtötenden Verschwörungsmärchen in den sozialen Medien und den Spinnstuben der *Spin Doctors* der regierungsamtlichen Propaganda-Abteilungen braucht man ja nun wirklich nicht einzugeben. Wie immer es also zum Ausbruch dieser Pandemie gekommen sein mag, sie hat auf jeden Fall einen beträchtlichen Einfluss auf die Einsatzfähigkeit der Streitkräfte. Ein Manöver kann man absagen. Im Falle ernsthafter kriegerischer Konfrontationen dürfte eine solche Absage schwieriger sein. Müsste also nicht ein erheblich höherer Vorsorge-

Aufwand betrieben werden, um die Organisation und die Einsatzfähigkeit der Bundeswehr in Konstellationen wie dieser gegen die Auswirkungen der Pandemie so gut es geht zu immunisieren? Es ist nützlich, Risikoanalysen der wichtigsten sicherheitspolitischen Herausforderungen anzustellen. Aber wenn man das tut, muss auch entsprechend gehandelt werden. Daran hapert es.

Wie viel ist genug?

How much is enough? So lautete der Titel eines wichtigen Buches in den USA, in dem die Argumente der Befürworter und Gegner wachsender Ausgaben für die amerikanischen Streitkräfte gegeneinander abgewogen wurden. Nun waren und sind diese Ausgaben in den USA von einer Größenordnung, die kein europäisches NATO-Mitglied auch nur annähernd erreicht hat, erreichen kann oder erreichen will. Was übrigens eine klare Schlussfolgerung über die Option einer europäischen Sicherheit ohne den Rückhalt der USA nahelegt – nämlich die, dass sie keine ist.

Auseinandersetzungen über die angemessene Höhe der Ausgaben des Verteidigungshaushalts geben hierzulande dem jährlichen Parteienstreit über die Ausgaben des Bundes traditionsgemäß eine besondere Würze. Aus linker und pazifistischer Sichtweise, bis in Teile der Sozialdemokratie hinein, werden solche Ausgaben als reine Geldverschwendung gebrandmarkt. In der politischen Mitte und weiter rechts werden sie als entweder genau richtig (Regierungsversion) oder als zu niedrig (die meisten Militärexperten und die Rüstungslobby) charakterisiert.

Sicherlich machen es sich diejenigen zu leicht, die Militärausgaben kürzen und die dadurch frei gewordenen Gelder dem Sozialhaushalt zuschlagen wollen (»Krankenhäuser statt Kampfjets!«). Aber auch, wer sich nach 1990 eine kräftige »Friedensdividende« versprach, irrte. Das waren indes so gut wie alle europäischen Regierungen.

Die Popularität von Ausgaben für das Militär variiert von Land zu Land. Sie hängt kurz- und vielleicht auch mittelfristig von der öffentlich wahrgenommenen Bedrohungslage ab und langfristig von der politisch-militärischen Kultur, die sich über Generationen hinweg gebildet und gefestigt hat. In der Bundesregierung Deutschland sind solche Ausgaben ziemlich unpopulär. Das hat die Bundesregierungen in eine gewisse Bredouille gebracht. Nach innen haben sie in der Regel versucht, die Höhe des Verteidigungsetats klein zu reden, wohingegen sie nach außen, an die Adresse der NATO-Partner, bestimmte Ausgabeposten (vor 1990 etwa die sogenannte Berlin-Hilfe) als Militärausgaben deklarierten. Das ist, nebenbei bemerkt, insofern kurios, als viele Länder, insbesondere Diktaturen, sich sehr bemühen, ihre sehr hohen Militärausgaben zu verschleiern, indem sie bestimmten Ausgabeposten für die Streitkräfte ein ziviles Mäntelchen umhängen. So fällt es beispielsweise bis heute sehr schwer, die Militärausgaben der Volksrepublik China genau zu beziffern.

Die letzten Bundesregierungen haben die erwähnte Bredouille allerdings fahrlässig vertieft. Und das ging so: Seit Ende der 1990er-Jahre geistert das Ansinnen durch sicherheits-finanzpolitische Dokumente der NATO, jedes Mitgliedsland solle anstreben, möglichst zwei Prozent seines Bruttoinlandprodukts (BIP) für seine Streitkräfte auszugeben. Auf diese Zahl ist man durch reines Daumenpeilen gekommen. Einen stringenten Sachgrund hat niemand angeben können – was bei den meisten Grenzwerten so ist. Die politischen Gründe für die Zwei-Prozent-Zielmarke wechselten im Lauf der Zeit. Ernst genommen haben sie die meisten NATO-Mitgliedsländer jedoch nicht. Mit Ausnahme der USA, deren Militärausgaben weit höher liegen, im Jahr 2017 etwas über drei Prozent ihres BIP. Die anderen NATO-Staaten und auch Deutschland haben auf den NATO-Tagungen seit vielen Jahren wiederholt ihre Zustimmung zu dieser Zielmarke und die Absicht bekundet, ihre eigenen Verteidigungsetats entsprechend zu erhöhen. Seitens der Regierungen in Berlin war das immer ein hohles Versprechen und in den jeweiligen Koalitionen auch keineswegs Konsens.

Doch dann wurde Trump zum 45. amerikanischen Präsidenten gewählt. Ohne dass man ihm eine besondere Anhänglichkeit an die NATO nachsagen könnte, hat er doch die Gelegenheit genutzt, die anderen NATO-Staaten mit Wonne zu ärgern und insbesondere die Bundesregierung zu beschimpfen, weil die deutschen Militärausgaben so weit hinter der Zwei-Prozent-Zielmarke zurückbleiben. Im Jahr 2017 betrug der Haushalt des Verteidigungsministeriums (Einzelplan 14) 37 Milliarden Euro, was etwa 1,1 Prozent des deutschen BIP entsprach. Schon seit 2014/2015 weist der Verteidigungshaushalt beachtliche Steigerungen auf: von 33 Milliarden Euro (2015) über 34,3 Milliarden Euro (2016) bis zu 43,2 Milliarden Euro (2019). Für 2020 wurden 44,9 Milliarden Euro eingestellt. Das Wachstum soll in gleichem Stil weitergehen, so dass bis 2024 bereits 1,5 Prozent des BIP und im Jahr 2031 schließlich die versprochenen zwei Prozent des BIP erreicht werden sollen.

Selbstverständlich sind alle solche Projektionen in die Zukunft Milchmädchenrechnungen, schon allein wegen der konjunkturellen Unsicherheiten und politischen Unwägbarkeiten. Das bis dato unvorstellbare Ausmaß der finanziellen Stützungsaktionen der von der Corona-Pandemie getroffenen Volkswirtschaft hat beispielsweise im Herbst 2019 niemand voraussehen können. Die finanziellen Auswirkungen der im Frühjahr 2020 beschlossenen Hilfspakete stehen ausgreifenden Budgeterhöhungen vieler Ressorts im Wege, auch des Verteidigungsministeriums. Dennoch sind derlei Projektionen in der Politik üblich, teils als PR-Maßnahmen (in diesem Fall zur Besänftigung des amerikanischen Präsidenten), teils als Selbstverpflichtung.

Trau keiner Statistik, die du nicht selbst gefälscht hast, lautet ein Winston Churchill zugeschriebener zynischer Satz. Das mit dem Fälschen lassen wir mal beiseite, weil hier rechtliche und moralische Aspekte zu berücksichtigen sind, die auf einer anderen Ebene liegen. Die braucht man aber gar nicht zu betreten. Es reichen ein ein statistische Grundkenntnisse und ein klarer Blick, um zu erkennen, dass die Korrelation von Militärausgaben und Bruttoinlandsprodukt kaum aussagekräftig ist. Der »zum Fetisch erhobene BIP-Maßstab ist von vornherein wenig sinnvoll, da er keinen inhaltlich begründeten Bezug zum Umfang des konkreten Verteidigungsbedarfs von Staaten hat. Tatsächlich dient er lediglich als krude Messlatte für vordergründige Vergleiche«, hat Botschafter a.D. Hellmut Hoffmann (2019) nach sorgfältiger Analyse zu Recht festgestellt. Aber wenn man diesen Fetisch einmal aufgestellt hat, wird es freilich schwierig, ihn wieder in die (übervolle) Rumpelkammer mit politischen Einschüchterungs- und Foltergeräten zurückzubringen.

Die Zustimmung zur Zwei-Prozent-Zielmarke war vor zehn Jahren nicht wirklich ernst gemeint. Doch seit Präsident Trump darauf beharrt, befindet sich die deutsche Sicherheitsfinanz-Politik insofern in Zugzwang, als mit einem Mal Pläne vorgelegt werden müssen, deren Realisierung einen Verteidigungshaushalt von über 70 Milliarden Euro bedeuten würde. Falls es nicht zu größeren Absenkungen des BIP kommt, was niemand wünschen kann. Auch schon unter den gegebenen politischen Verhältnissen in Deutschland und Europa ist die Zahl von 70 Milliarden Euro utopisch.

Immerhin haben die NATO-Debatte über die Erfordernisse der Bündnisverteidigung und die ungehobelte *Stick-and-Carrot*-Politik *(Big Stick, Tiny Carrot)* bewirkt, dass es parlamentarischen Rückenwind für die vom Verteidigungsministerium so bezeichnete »Trendwende Finanzen« gab. Die meisten Militär-Fachleute, einschließlich des Wehrbeauftragten, waren schon lange der Meinung, dass der Verteidigungshaushalt lange Jahre zu gering ausfiel. Dies lässt sich auch nicht mehr bestreiten. Wobei als eigentliche Frage bleibt warum und mit welchen sicherheitspolitischen Vorstellungen Regierung und Parlament eigentlich das Einfrieren oder sogar die Absenkung des Einzelplans 14 beschlossen haben.

Streitkräfte im Reformstress

Seit Ende des Ost-West-Konflikts 1989/1990 wurden die Streitkräfte in Europa zu riesigen Baustellen, wobei sich die Umbaupläne immer mal wieder änderten. Der andauernde und (zumindest zeitweise) bei den Soldaten starke Unzufriedenheit auslösende Reformstress ist also keineswegs ein Alleinstellungsmerkmal der Bundeswehr. Nur zeigt er sich hier aus zwei Gründen krasser als anderswo in Europa:

1. Die Bundeswehr übernahm am Tag der Wiedervereinigung die Nationale Volksarmee der DDR. Die hatte sich zwar schon ein Stück weit aufgelöst, aber immerhin waren es noch knapp 90 000 Soldaten und knapp 50 000 zivile Mitarbeiter, die am 3. Oktober 1990 ihren Dienst bei der Bundeswehr antraten. Diese umfasste zu diesem Zeitpunkt ungefähr 490 000 Soldaten. Der personelle Zuwachs musste aber nach den Vorgaben des »2 plus 4-Vertrags« binnen drei, vier Jahren auf einen Streitkräfte-Umfang von 370 000 Soldaten abgebaut werden, also um fast vierzig Prozent des

Personalbestands von 1990. Das war eine Herkulesaufgabe, die zwar nicht geräuschlos, aber insgesamt doch erfolgreich gelöst wurde, was großen Respekt verdient.
2. Die Bundeswehr musste sich auf für sie neue und unkonventionelle Aufgaben einstellen, die sich in der Zeit nach dem Ende des Ost-West-Konflikts in den Vordergrund drängten. Ähnliches stand auch dem politischen System mit seinen politischen und staatsrechtlichen Einsatzregeln für die Streitkräfte sowie nicht zuletzt für die bundesdeutsche Gesellschaft insgesamt bevor. Das wurde zu einem langen und holprigen Prozess. Die Bundeswehr verwandelte sich in eine Baustelle, auf der sich hektische Aktivitäten abspielten, ohne dass man in den letzten dreißig Jahren dem Zeitpunkt des Innehaltens oder einer Ruhephase näher gekommen wäre. Welche Organisation hält derlei schon aus, ohne beschädigt zu werden?

Der rechtliche Rahmen für Auslandseinsätze

In der Bundeswehr-Sprache hieß das erste große Reformziel, das ab 1990 angestrebt wurde: Umbau der Truppe von einer Verteidigungs- zu einer Einsatzarmee. Genau genommen handelte es sich dabei darum, die Bundeswehr über die Landes- und Bündnisverteidigung hinaus auch an Einsätzen mit dem Ziel der internationalen Krisenbewältigung außerhalb des Bündnisterritoriums *(out of area)* zu beteiligen. Diese neue Art von Auslandseinsätzen war für die Bundeswehr ungewohnt – und in der Öffentlichkeit sehr umstritten. Der Schwerpunkt der politischen Auseinandersetzung verlagerte sich in der ersten

Hälfte der 1990er-Jahre in die Domäne des Staats- und Verfassungsrechts. Im Grundgesetz der Bundesrepublik Deutschland findet die Bundeswehr mehrfach Erwähnung. Der Kernsatz zu ihrer Aufgabenstellung steht im Artikel 87 a des Grundgesetzes. Dort heißt es lapidar: »Der Bund stellt Streitkräfte zur Verteidigung auf.«

Dem Bundesverfassungsgericht lagen seit 1992 insgesamt vier Klagen gegen die Einsätze von Bundeswehr-Kontingenten auf dem Balkan und in Somalia vor, über die es zu entscheiden hatte. Die Karlsruher Richter verkündeten am 12. Juli 1994, das Grundgesetz erlaube unter bestimmten Bedingungen auch Einsätze der Bundeswehr im Rahmen und nach den Regeln eines Systems gegenseitiger kollektiver Sicherheit. Bei den meisten der dem Bundesverfassungsgericht eingereichten Klagen lassen dessen Entscheidung darüber die vorherigen Kontroversen verstummen. So auch hier: Über die Legalität und die Legitimität von multinationalen Friedens- und Stabilisierungseinsätzen mit dem Mandat eines Systems kollektiver Sicherheit wie der UNO, der OSZE oder – hier findet sich noch ein Rest von Widerspruch – der EU und der NATO wird seither nicht mehr grundsätzlich gestritten.

Indes zeigte sich bald, dass der vom Karlsruher Gericht eingebaute Mechanismus zur demokratischen Kontrolle von solchen Auslandseinsätzen sich auf längere Sicht womöglich als ein Hindernis für rasche und pragmatisch-flexible Einsatzentscheidungen erweisen könnte. Aber zunächst war es ziemlich mühsam, ihn überhaupt einzurichten. Er trat erst nach langen Beratungen im Bundestag am 18. März 2005 in Kraft und heißt »Parlamentsbeteiligungsgesetz« (PBG). Dieses relativ kurze Gesetz besteht aus neun Paragrafen und legt fest, dass der bewaffnete Einsatz der Bundeswehr außerhalb des Geltungsbereichs des Grundgesetzes der Zustimmung (der Mehrheit) des Bundestages bedarf. Ohne diese Zustimmung kommen solche Einsätze nicht zustande. Allerdings gibt es auch, wenn es nicht anders geht, ein vereinfachtes Zustimmungsverfahren. Der Bundestag kann seine Zustimmung zu einem Auslandseinsatz jederzeit widerrufen. In einem solchen Fall muss er abgebrochen werden.

In aller Regel wird das parlamentarische Mandat zeitlich beschränkt, etwa auf ein Jahr. Dauert der Einsatz länger, muss die Regierung erneut die Zustimmung des Bundestags beantragen. In der Praxis hat es bisher kaum Schwierigkeiten zwischen Exekutive und Legislative wegen eines Auslandseinsatzes gegeben. Auch deshalb nicht, weil die Anträge der Regierung meist so formuliert sind, dass das Mandat für die Bundeswehr eng begrenzt bleibt. Das hat in der Vergangenheit das eine oder andere Mal zu Unmut bei den Soldaten der Bundeswehr geführt, die während eines multinationalen Einsatzes ihre Kameraden aus anderen Streitkräften bei bestimmten Aktionen nicht unterstützen dürfen.

Dafür gibt es Beispiele aus mehreren Auslandseinsätzen, etwa bei der Beteiligung deutscher Soldaten am Einsatz von NATO-AWACS im Rahmen der ISAF-Mission in Afghanistan. Der Antrag der Bundesregierung vom Juni 2009 schloss ausdrücklich die Option der Beteiligung deutscher Soldaten an der Koordination und Führung von Luftoperationen aus. Den Grund dafür lieferte die umfangreiche Liste der sogenannten *Caveats* (Vorbehalte) in den für die Soldaten im Einsatz verbindlichen *Rules of engagement,* die sie auf einer handlichen Taschenkarte ausgehändigt bekommen. Den Bundeswehrsoldaten in der ISAF-Mission war beispielsweise der Waffengebrauch lange ausschließlich zur Selbstverteidigung erlaubt. Auf flüchtige Angreifer durften sie hingegen nicht schießen, wenn diese ihren Angriff abgebrochen hatten. Diese *Caveats* wurden erst Mitte 2009 der militärischen Lage angepasst und in den afghanischen Nordostprovinzen aufgegeben.

Der rechtliche Einsatzrahmen für das deutsche Kontingent in multinationalen Auslandseinsätzen beeinträchtigt also zuweilen die enge Kooperation mit den Soldaten anderer Streitkräfte. Das kann während eines Einsatzes erhebliche Probleme schaffen. Vor allem aber beleuchtet es das grundsätzliche Problem, dass die europäischen Nationen unterschiedliche rechtliche Einsatzbedingungen haben, die unterschiedliche Handlungsmöglichkeiten der nationalen Truppenkontingente zur Folge haben. Wer zum Beispiel für eine engere militärische Verknüpfung mit Frankreich zwecks Erhöhung der sicherheitspolitischen Handlungsfähigkeit Europas plädiert, muss sich Gedanken über eine Harmonisierung und wechselseitige Anpassung der jeweiligen rechtlichen und daraus abgeleiteten Vorschriften machen. Das Langzeit-Experiment mit der deutsch-französischen Brigade liefert dazu genügend Anschauungsmaterial.

Neue Aufgaben – weniger Personal

Die Bundeswehr war von Anfang an eine Parlamentsarmee. Seit der Geltung des Parlamentsbeteiligungsgesetzes ist sie das deutlich sichtbar auch für Auslandseinsätze aller Art.

Nur in Klammern sei an dieser Stelle erwähnt, dass das Parlament – ausgenommen eine Handvoll sicherheits- und militärpolitisch ausgewiesener Abgeordneter verschiedener Parteien – sich nicht gerade intensiv mit der Bundeswehr beschäftigt. Deutliches Beispiel: Die recht informativen jährlichen Berichte des Wehrbeauftragten werden im Plenum eher nebenbei zur Kenntnis genommen.

Die Bundeswehr musste nach der Vereinigung 1990 viel Energie darauf verwenden, die Soldaten der NVA einzugliedern, politisch und militärisch zu überprüfen und diejenigen NVA-Soldaten, die nach zwei Jahren bleiben wollten und durften, in die eigene Organisation zu integrieren. Aufbau- und Abbauprozesse fanden parallel statt, was nicht leicht zu koordinieren war. Zugleich beginnt mit den »Verteidigungspolitischen Richtlinien« vom November 1992 der Zyklus von Neuausrichtungen der Bundeswehr, der in immer neuen Anläufen Pläne für den strukturellen Umbau der Bundeswehr produziert. Ein Vorgang, der bis heute andauert. Befeuert wurden diese Pläne 1992 von der richtigen Einsicht, dass der Bundeswehr nun nicht mehr nur die Landes- und Bündnisverteidigung obliegen würde, sondern dass sie auch Truppenkontingente, gemeinsam mit Streitkräften anderer Nationen und mit der Legitimation durch die UNO, für Krisenstabilisierungen und humanitäre Interventionen bereitstellen können müsste. Zu den Veränderungen beim Personal musste die Bundeswehr, das heißt, mussten die Soldaten und Zivilkräfte, einen »neuen konzeptionellen Grundkurs« (Naumann 1994) bewältigen. Der sah vor, die Bundeswehr künftighin in drei Komponenten zu gliedern, nämlich in präsente *Krisenreaktionskräfte* (für die Auslandseinsätze), weitgehend mobilmachungsabhängige *Hauptverteidigungskräfte* (für die Landes- und Bündnisverteidigung) und die *Militärische Grundorganisation* (für die Aufrechterhaltung des täglichen Betriebs).

In den folgenden Jahren wurde an dem Verhältnis dieser drei Komponenten zueinander immer wieder herumgedoktert. Das böse Wort von der »Zwei-Klassen-Armee« machte die Runde. Mal waren es Papiere aus dem Apparat des Ministeriums, die eine leicht veränderte Balance zwischen ihnen ankündigten. Mal war es – auch mit dem Ziel, die interessierte Öffentlichkeit einzubeziehen – ein Kommissionsbericht wie der Ende Mai 2000 präsentierte Abschlussbericht der vom damaligen Verteidigungsminister Scharping eingesetzten unabhängigen Kommission »Gemeinsame Sicherheit und Zukunft der Bundeswehr«, die nach ihrem Vorsitzenden auch (Richard von) »Weizsäcker-Kommission« genannt wurde. Der Bericht empfahl der Bundesregierung zahlreiche Maßnahmen, etwa eine neuerliche Umgliederung der Streitkräfte, um sie für multinationale Auslandseinsätze fitter zu machen, eine weitere Reduktion der Friedensstärke auf 240 000 Soldaten, die Privatisierung *(Outsourcing)* von Dienstleistungen und die gleichberechtigte Zulassung von Frauen für den Soldatenberuf. Ein Teil dieser Vorschläge wurde umgesetzt, andere wurden durch ein internes »Eckpfeiler«-Papier, es datiert von Mitte 2000, aus dem Ministerium abgeschwächt.

Ziemlich schnell hatte sich nämlich herausgestellt, dass die Bundeswehr mit der Erweiterung ihres Aufgabenprofils über die Landes- und Bündnisverteidigung hinaus große Schwierigkeiten hatte. Das lag nicht zuletzt auch an dem übertriebenen Optimismus und den zwar nicht ganz leeren, aber gewissermaßen nur halb vollen Versprechungen von Bundesregierung und Verteidigungsministerium, Truppenkontingente für multilaterale Friedens- und Krisenstabilisierungseinsätze vorzuhalten. Die konnten nur aus sogenannten »Krisenreaktionskräften« bestehen, von denen es aber so viele, wie man versprochen hatte, gar nicht gab. Deshalb wurde zwischen Mai 1999 und Juni 2000 beschlossen, die im *Weißbuch 1994* angekündigte strukturelle Zweiteilung in Krisenreaktions- und Hauptverteidigungskräfte (KSK/HVK) wieder aufzugeben. Das »Eckpfeiler«-Papier fordert insgesamt 150 000 Einsatzkräfte, von denen 80 000 mehr oder weniger unverzüglich einsatzbereit sein sollten. Für die übrigen 70 000 Soldaten wurde eine abgestufte Verfügbarkeit angestrebt.

Nach den innenpolitischen Turbulenzen um die Teilnahme der Bundeswehr am NATO-Einsatz gegen das serbische Vorgehen im Kosovo (denen am Ende auch Verteidigungsminister Scharping zum Opfer fiel) sind es dann die Terroranschläge vom 11. September 2001 in New York und Washington, durch die auch die deutsche Sicherheitspolitik sowie alle folgenden Reformüberlegungen für die Bundeswehr nachhaltig beeinflusst wurden. Deutschland beteiligt sich nun am »Krieg gegen den Terrorismus«, den der amerikanische Präsident George W. Bush ausgerufen hat, und zwar mit einem Truppenkontingent für die »Internationale Sicherheitsstabilisierungsmission« (ISAF) in Afghanistan. In den »Verteidigungspolitischen Richtlinien« vom Mai 2003 wurde die Gewichtsverlagerung von der Landes- und Bündnisverteidigung zu Auslandseinsätzen deutlich betont: »Für die Bundeswehr stehen Einsätze zur Konfliktverhütung und Krisenbewältigung sowie zur Unterstützung von Bündnispartnern, auch über das Bündnisgebiet hinaus, im Vordergrund.« Aus den Richtlinien von 2003 wurde ein Jahr später der umfassende Entwurf für eine »Neukonzeption« der Bundeswehr. Von ihr wurden nun Einsatzbereitschaft und ein Fähigkeitsprofil gefordert, das Führungsfähigkeit, Nachrichtengewinnung und Aufklärung, Mobilität, Wirksamkeit im Einsatz, Durchhalte- und Überlebensfähigkeit als zentrale Kategorien umfassen soll. Betont wurden auch die Notwendigkeit eines streitkräfteübergreifenden Ansatzes und die Fähigkeit zu multinationaler Kooperation (im Fachjargon *Jointery* bzw. *Interoperability* genannt).

Im *Weißbuch 2006* liest man dann von einer Aufteilung der Bundeswehr in drei »Kräftekategorien«. Die Einsatzkräfte sollen 35 000, die Stabilisierungskräfte 70 000 und die Unterstützungskräfte 147 500 Soldatinnen und Soldaten umfassen. Hier taucht die Dreiteilung der Bundeswehr aus dem Jahr 1992 wieder auf.

In dem anderthalb Jahrzehnt seit der Wiedervereinigung und dem Zwei-plus-Vier-Vertrag hat sich der Umfang der Bundeswehr also permanent verändert. Erst die schon erwähnte Vergrößerung durch die Übernahme von NVA-Soldaten, dann die ausgehandelte Reduktion auf eine Obergrenze von 370 000 Soldaten bis 1994, dann aber – bei gleichzeitiger Differenzierung der Aufgaben – das stufenweise Abschmelzen um ungefähr ein weiteres Drittel. Man kann sich leicht vorstellen, welchen enormen Druck diese Vorgänge auf die Soldaten und ihre Familien ausübten. Individuelle und familiäre Lebensplanungen mussten über den Haufen geworfen werden. Entsprechend wuchs die Unzufriedenheit vieler Soldaten.

Transformation und vernetzter Ansatz

Der politischen und militärischen Führung der Bundeswehr blieb der Stress, den die permanenten Reformen inner-organisatorisch bewirkten, nicht verborgen. Ein Mittel dagegen wussten sie dennoch nicht. Stattdessen verschärfte sich der Reformdruck weiter. Es stimmt zwar nicht wirklich, wie manche Kritiker im Blick auf die Regierungsjahre von Angela Merkel behaupten, dass die Bundeswehr »kaputtgespart« worden sei. Jedoch unterblieb die Ausarbeitung eines schlüssigen Konzepts für die materielle Ausstattung des in Afghanistan eingesetzten Truppenkontingents, das mehr und mehr in Auseinandersetzungen mit den gefährlicher werdenden Taliban-Kämpfern hineingezogen wurde. Da wurde, etwas altmodisch gesagt, nur gekleckert, statt geklotzt.

Stattdessen stürzten sich die Spitzenleute im Verteidigungsministerium im versuchten Einklang mit entsprechenden Überlegungen in den USA und der NATO in allgemeine (und auf einer allgemeinen Ebene auch sicherlich stimmige) Überlegungen über eine stromlinienförmige Kombination neuer Militär-Technologien, Einsatzkonzepte und Organisationsstrukturen. Die amerikanischen Erfahrungen in Afghanistan und im Irak (hier aber erst *nach* der unseligen *»Mission-Accomplished«*-Rede von US-Präsident George W. Bush am 1. Mai 2003) liefen darauf hinaus, dass für solche Kriege leichte und flexible, bewegliche und schnell einsetzbare Truppen sowie laser- und satellitengesteuerte Präzisionswaffen nötig sind. Die entsprechenden Umstellungen der US-Streitkräfte bekamen das Etikett *Transformation.* Dieser leicht ins Deutsche zu übertragende Begriff wurde bald für einige Jahre zum Schibboleth der Berliner Streitkräfteplanung. Von

2004 bis 2012 gab es sogar ein *Zentrum für Transformation der Bundeswehr.*

Ein zweiter Schlüsselbegriff der Reformdiskussion seit etwa 2005/2006 lautet *Vernetzung.* Damit ist mehreres gemeint: Einmal ein anderes Sicherheitsverständnis, das nicht nur militärische Kategorien umfasst, sondern auch wirtschaftliche, kulturelle oder etwa ökologische. Das außerdem multinationales Zusammenwirken nötig macht, so dass sich die Streitkräfte immer schon in einem umfassenden zivil-militärischen Kontext eingebunden sehen. Nicht unmittelbar, jedoch in Zusammenhang damit ergibt sich die Notwendigkeit einer vernetzten Operationsführung für die Streitkräfte. So proklamierte es jedenfalls das *Weißbuch 2006.* Und im nächsten, dem *Weißbuch 2016,* findet sich der Satz: »Der vernetzte Ansatz ist zentrale Richtschnur unseres Regierungshandelns.«

Eigentlich handelt es sich bei beiden Konzepten um etwas Selbstverständliches. Transformation besagt ja nichts anderes, als dass sich die Streitkräfte laufend an ihre Umweltbedingungen anpassen müssen. Und der vernetzte Ansatz betont, wie wichtig es ist, sich mit möglichst vielen sicherheitspolitischen und sicherheitsproduzierenden Akteuren abzustimmen. Selbstverständlichkeiten zu betonen, ist manchmal nötig. Vor allem dann, wenn, wie im Fall der Bundeswehr, die Anpassung an die neuen Rahmenbedingungen und an eine erweiterte Vorstellung von Sicherheit größere Schritte erfordert. Bis zum Amtsantritt der konservativ-liberalen Koalitionsregierung Ende 2009 ist es allerdings trotz großer Worte überwiegend bei kleinen Schritten geblieben. Die strengten die Soldaten und das gesamte Organisationsgefüge der Bundeswehr jedoch genauso an als wären es große Schritte. Dazu kam es dann ab 2009.

Scherbenhaufen

Drei Wochen vor den Bundestagswahlen am 27. September 2009 kam es in Afghanistan zu einem dramatischen Vorfall. In der Nähe von Kunduz wurden auf Befehl eines höheren deutschen Offiziers zwei von den Taliban gekaperte Tanklaster bombardiert. Die Lage war unklar. Sollten die Tanklaster auf das Bundeswehr-Lager in Kunduz zuhalten und dort von Selbstmordattentätern als tödliche Waffen eingesetzt werden? Nachdem sich die beiden Tanklaster in einem Flussbett festgefahren hatten, gab es den Befehl zu ihrer Bombardierung, ausgeführt von US-Flugzeugen. Dabei kamen etwa einhundert Menschen ums Leben, die, wie sich später herausstellte, mehrheitlich keine Taliban waren, sondern Zivilisten, die sich etwas von dem Treibstoff abzapfen wollten.

Dieses Ereignis und das zunächst nicht sehr professionelle Kommunikationsverhalten des Ministeriums erhöhten schlagartig die Kritik in Deutschland an der politischen und militärischen Führung der Bundeswehr, an der mangelhaften Ausrüstung des deutschen Truppenkontingents in Afghanistan und an den von der Bundesregierung über-optimistisch verkündeten Zielen der dortigen Mission. Die öffentliche Zustimmung zur deutschen Beteiligung an ISAF sank dramatisch.

Der Vorfall von Kunduz wirkte wie ein Weckruf. Danach hatten die sprachlichen und sonstigen Beruhigungsgesten von Regierung, Parlament und Bundeswehrführung und ihr jahrelang geübtes Kleinreden der Risiken und der kontinuierlich anwachsenden Gefährlichkeit des Afghanistan-Einsatzes ihre Glaubwürdigkeit weitgehend verloren. Jetzt erst traute man sich in Berlin auszusprechen, dass es sich in Afghanistan schon längst nicht mehr um eine simple Sicherheits- und Wiederaufbaumission *(Security Assistance)* handelte, sondern um einen veritablen Bürgerkrieg mit sehr unterschiedlichen Beteiligten. Jetzt erst begann man in Berlin zu realisieren, dass dieser Krieg, jedoch auch die Einsätze auf dem Balkan, bei vielen Soldaten auch ohne körperliche Verletzung beträchtliche psychische Wunden hinterließ. Die Medizin verwendet dafür den Namen »Posttraumatische Belastungsstörung« (PTBS). Die Bundeswehr ist diesem Leiden vieler ihrer Angehörigen allzu lange nur mit bürokratischer Gründlichkeit begegnet, mehr bürokratisch allerdings als gründlich, und ohne die wünschenswerte Empathie für die Opfer und ihre Angehörigen.

Eine Art Tritt in den Hintern

Seit Herbst 2009 gab es nach Franz Josef Strauß erstmals wieder einen Verteidigungsminister aus den Reihen der CSU. Karl-Theodor zu Guttenberg wurde Ende Oktober 2009 ernannt; seine Amtszeit dauerte allerdings nicht mehr als anderthalb Jahre. In dieser Zeit setzte er allerdings mehr strukturelle Veränderungen der Bundeswehr durch als viele seiner Vorgänger zusammen. Die Reformstressschraube wurde dadurch noch weiter angezogen, wenngleich man sehr wohl gute Gründe dafür anführen kann, dass nach dem vielen Hin und Her mit dem neuen

Transformationswein in alten organisatorischen Schläuchen jetzt endlich ein echter Reformsprung anstand. Wenn schon Reformstress, dann wenigstens konzentriert und nicht nach dem Muster der Echternacher Springprozession.

In seiner Rede an der Führungsakademie der Bundeswehr am 26. Mai 2010 in Hamburg kündigte Minister zu Guttenberg tiefe finanzielle Einschnitte im Verteidigungshaushalt an. Die Bundeswehr müsse sich auf heftige Veränderungen einstellen. Um die Finanzen stand es damals wegen der Bankenkrise und der nicht überall als gleich bedrohlich empfundenen Schuldenkrise der öffentlichen Hand nicht sonderlich gut. Einsparungen und die vielleicht im Juni 2009 etwas zu leichtfertig ins Grundgesetz aufgenommene »Schuldenbremse« gehörten zum Kernprogramm der schwarz-gelben Koalition. Dafür sollten auch einige »heilige Kühe« geopfert werden. Eine davon war die in den letzten Jahren immer brüchiger gewordene allgemeine Wehrpflicht.

Die Wehrpflicht für junge Männer gehörte seit Gründung der Bundeswehr zu den unumstrittenen Markenzeichen der Bundeswehr. Sie war auch das angemessene Rekrutierungssystem für die Bundeswehr im Ost-West-Konflikt. Wehrpflicht und Kriegsdienstverweigerung galten spätestens seit den späten 1960er-Jahren als »Friedensdienst mit und ohne Waffen«. Die damals steil ansteigenden Zahlen der anerkannten Kriegsdienstverweigerer, die einen Zivildienst ableisten mussten, haben nebenbei und ungeplant vielen Vereinen und besonders den Sozialverbänden eine Menge billiges Hilfspersonal eingebracht. Die Abschaffung der Wehrpflicht bedeutete zugleich die Abschaffung des Zivildienstes, jedenfalls als

Zivildienstpflicht. Man kann sich also leicht vorstellen, dass, wer immer hier einen tiefen Schnitt machen wollte, sich gegen kräftigen Gegenwind aus der Bundeswehr und von den Sozialverbänden wappnen musste.

Auch bei der Wehrpflicht-Frage handelte es sich nicht um eine spezifisch deutsche Angelegenheit, wenngleich sie in Deutschland ein paar besondere Aspekte aufwies, die eine einvernehmliche Entscheidung erschwerten. In den meisten anderen NATO-Ländern hatte sich ebenfalls der Trend zur Abschaffung der Wehrpflicht durchgesetzt; das deutlichste Signal kam hier 1997 aus Frankreich. Dass dort, wo der Mythos der *Levée en masse* im Nationalbewusstsein tief verankert ist, im Handumdrehen mit der Wehrpflicht Schluss gemacht wurde, hat die damalige Bonner Bundesregierung überrascht und irritiert. Auch deshalb, weil Entschluss und Durchführung von Präsident Sarkozy ohne einen langen Debattenvorlauf in die Wege geleitet wurden. Er wusste, warum.

In Bonn und – nach dem Regierungsumzug – auch in Berlin kam es hingegen zu einem langen und quälenden Debattenvorlauf, bei dem die Pro-und Contra-Frontlinie eigentümliche Schnörkel machte. Letztlich entscheidend für Guttenbergs Reformsprung aus der Wehrpflicht waren nicht finanzielle Argumente, obwohl damals die irrige Vorstellung herumgeisterte, man könne durch die Abschaffung der Wehrpflicht und gleichzeitiger Verkleinerung der Truppenstärke Geld sparen. Die gesellschaftspolitischen Argumente, die für die Wehrpflicht ins Feld geführt wurden, einige davon recht achtbar, andere überraschend retro-sozialromantisch, fanden immer weniger Resonanz.

Ausschlaggebend dafür, dass die Wehrpflicht abgeschafft wurde und die Professionalisierung der Bundeswehr einen großen Schritt vorankam, waren letztlich die strategische Lage und die Operationserfordernisse an mobile und kurzfristig für multinationale Einsätze *out of area* mobilisierbare Streitkräfte. Im Vordergrund der Überlegungen standen dabei der umfangreiche Katalog gegenwärtiger und künftiger Missionen sowie die Entwicklungen der Rüstungstechnologie. Beides verlangt eine hochgradige und sehr komplexe Professionalisierung sowie eine entsprechend lange und kostenintensive Ausbildung. Das war unmittelbar einzusehen, wenn es sich um Auslandseinsätze handelte. Jedoch wurde und wird beides, wie man heute sieht, ebenso für die territoriale Landes- und Bündnisverteidigung gebraucht. Wer seither bei der Bundeswehr als Soldat oder Soldatin (2019 immerhin bereits über 12 Prozent) dient, verpflichtet sich für mehrere Jahre oder als Berufssoldat.

Obwohl Guttenberg – 2010 noch ein *rising Star* der CSU in den Medien (vor allem auch der BILD-Zeitung) gestreichelt und gehätschelt – selbstverständlich nicht ahnte, dass sein dramatischer Absturz infolge einer pseudo-akademischen Verfehlung (Plagiat) kurz bevorstand, drückte er aufs Tempo, um sein wichtigstes Reformprojekt durchzubringen. Ein solches forciertes Tempo ist angeraten, will man verhindern, dass die geplanten gravierenden Änderungen innerhalb der von ihnen betroffenen Organisation und in diesem Fall auch in der politischen Öffentlichkeit zerredet und verwässert werden. Es braucht gewissermaßen einen Tritt in den Organisationshintern, wenn dieses schiefe Bild hier einmal ausnahmsweise erlaubt ist. Genau so machte es Guttenberg: Ein von ihm initiierter »Prüfauftrag ohne Denkverbote« vom Kabinett und der

Kanzlerin, eine ungemein rasch arbeitende »Strukturkommission« und ein Bericht des Generalinspekteurs zum Prüfauftrag bereiteten die Entscheidung zur Aussetzung der Wehrpflicht zum 1. Juli 2011 vor. Da amtierte allerdings bereits sein Nachfolger Thomas de Maizière.

Nun lässt sich niemand gerne in den Allerwertesten treten, auch Organisationen nicht. Soll heißen: Die von Guttenberg angestoßenen Reformen stießen in der Bundeswehr, gelinde gesagt, auf wenig Begeisterung. Das ist auch verständlich, denn sie vermehrten noch einmal den Reformstress der Soldaten. Man muss sich nur einmal vor Augen halten, was etwa die personelle Reduzierung der Truppe für ihre Angehörigen bedeutet. Da werden Standorte aufgegeben, Stäbe und Einheiten an andere, oft weit entfernte Orte verlegt. Karriere-Aussichten insbesondere in der Offizierslaufbahn verdüstern sich, weil Planstellen gestrichen werden. Manche Soldaten, die für bestimmte Funktionen in der Bundeswehr ausgebildet wurden, zum Beispiel Piloten, nehmen ihren Abschied, weil sie sich nun mehr von einer Karriere im Zivilleben, in diesem Fall also der zivilen Luftfahrt, versprechen. Die Organisation Bundeswehr steht praktisch über Nacht vor neuen Aufgaben, zum Beispiel muss sie rasch physisch, psychisch und kognitiv belastungsfähiges Personal rekrutieren. Zumindest dafür war die zuletzt auf läppische sechs Monate zusammengestrichene Wehrpflicht gut gewesen: Sie stellte eine Art Militärpraktikum dar. In dieser Zeit konnten sich sowohl die Einberufenen als auch ihre Ausbilder darüber klar werden, ob eine längere Dienstzeit in Frage kommt. Mit dem Wegfall dieser anspruchsvollen Schnupperkurse musste die Bundeswehr neue Wege der Nachwuchsrekrutierung beschreiten, was mühselig und nicht immer erfolgreich war und ist.

Eine Neuausrichtung nach der anderen

Der neue und mit großen Erwartungen angetretene Verteidigungsminister Thomas de Maizière setzte die Reformen seines Vorgängers fort, wenn auch mit einigen anderen Akzenten. 2011 wurden neue »Verteidigungspolitische Richtlinien« vorgestellt und im Jahr darauf das umfangreiche Dokument »Die Neuausrichtung der Bundeswehr«. Dazu verabschiedete der Bundestag im Sommer 2012 das »Gesetz zur Begleitung der Reform der Bundeswehr«, in der offiziellen Abkürzung einprägsam BwRefBeglG genannt.

Diese Neuausrichtung legte den Umfang der Bundeswehr auf bis zu 185 000 uniformierte und 55 000 zivile Angehörige fest. Die Möglichkeit eines freiwilligen Wehrdienstes für junge Männer und Frauen wurde ebenfalls festgeschrieben, ein neues Reservistenkonzept in Aussicht gestellt. Außerdem wurden eine Reihe organisatorischer Umstellungen im Ministerium angekündigt, so auch für das Beschaffungswesen der Bundeswehr, von dem damals nur wenige Beobachter wahrnahmen, dass es dabei war, sich zur Achillessehne der Bundeswehr zu entwickeln.

Auch de Maizière blieb nicht lange Verteidigungsminister. Nach den Bundestagswahlen 2013 wurde er Innenminister. Mit seiner Nachfolgerin Ursula von der Leyen wurde zum ersten Mal eine Frau in das Amt des Verteidigungsministers berufen. Zuvor noch hatte er eine sozialwissenschaftliche Analyse der Neuausrichtung und ihrer Implikationen in Auftrag gegeben, deren – mit einiger Skepsis formulierte – Ergebnisse dann 2015 veröffentlicht wurden (Hesse 2015). Diese Skepsis bezieht sich einmal auf die allzu rasche Verkürzung der Neuausrichtungsprobleme auf Management- und betriebswirtschaftliche Prozessfragen und, damit verbunden, zweitens auf die wachsende Unzufriedenheit vieler Bundeswehr-Angehöriger mit den Bedingungen, unter denen sie zu arbeiten hatten. Der Reformstress wucherte in der und um die Bundeswehr herum wie eine Dornenhecke.

Beides verschärfte sich dann noch in den Folgejahren und dauert bis heute an. Das Beschaffungswesen produzierte immer neue Probleme, die Rekrutierung neuen Personals ging nur stockend voran, die Verbesserung innerorganisatorischer Arbeitsbedingungen, die von der Leyen durchsetzte (beispielsweise neue Arbeitszeitregelungen im Grundbetrieb der Bundeswehr, bessere Kinderbetreuungsangebote usw.), brachte nur sporadische Erleichterungen im soldatischen Alltag. Bald zeichnete sich zudem ab, dass es wieder einmal eine Neuausrichtung der Bundeswehr geben würde.

Die Impulse dazu lieferte die Regierung Russlands mit der Besetzung und Abspaltung der Krim sowie der hybriden Kriegsführung im Ostteil der Ukraine. Landes- und Bündnisverteidigung im NATO-Rahmen rückten damit wieder als Bundeswehr-Aufgaben in den Vordergrund. Einen weiteren Impuls, wenn auch ganz anderer Art, kam aus Washington von der Trump-Administration, deren Vertreter Deutschlands Militäretat immer wieder harsch kritisierten. Bundeswehrinterne Planungen seit etwa 2015/2016 betonen die Notwendigkeit zusätzlichen Personals in Heer, Luftwaffe und Marine. Auch sollen die bestehenden Strukturen kräftig umgebaut werden. Beim Heer ist etwa Zielvorgabe, drei voll ausgestattete Divisionen mit acht bis zehn Brigaden zur Verfügung zu haben, die innerhalb von drei Monaten voll einsatzfähig sein sollen. Entsprechend sollten bei Luftwaffe und Marine mehr Großwaffen eingeführt werden, damit die Luftherrschaft über Deutschland aufrechterhalten werden kann und die Marine wieder zur Seekriegsführung auch aus der Luft befähigt wird.

Der Kern dieser erneuten Neuausrichtung ist nach den Worten eines ihrer Vordenker im Verteidigungsministerium die Abkehr von den überholten Vorgaben der Neuausrichtung 2011. In den Planungspapieren ist mehrfach von »Trendwenden« und »Trendumkehr« die Rede. Gemeint sind damit zunächst deutlich steigende Finanzmittel für die Bundeswehr, die ihrerseits die Voraussetzung dafür sind, dass mehr Personal eingestellt und mehr Rüstungsgüter eingekauft werden können. Auch diese Neuerungen, die ja erst einmal organisatorisch zu bewältigen sind, bringen eine Menge Reformstress mit sich, wenngleich eher einen von der optimistischen Sorte, denn nun es soll ja aufwärts gehen. Allerdings ist zu bedenken, dass ihre Summe – zusammengefasst in einem Dokument des Ministeriums »Die Konzeption der Bundeswehr. Ausgewählte Grundlinien der Gesamtkonzeption« von 2018 – enorm ambitionierte Zielvorgaben für die Bundeswehr macht, selbst wenn man in Rechnung stellt, dass für den gesamten Prozess der Trendumkehr gut zwölf bis fünfzehn Jahre vorgesehen sind. Wer kann schon präzise vorhersagen, welche allgemein- und sicherheitspolitischen Entwicklungen sich in einem solchen Zeitraum abspielen werden und wie sie sich auf Staat und Gesellschaft in Deutschland auswirken werden.

Auf jeden Fall kommen auf die Bundeswehr in den nächsten Jahren viele Anstrengungen zu, denn sie befindet sich zum gegenwärtigen Zeitpunkt in einem ziemlich ramponierten Zustand. Um von A (2020) nach B (2032) zu gelangen, braucht es enorme Energien. Eine Herkulesarbeit.

Problem-Lawine

Während des letzten Jahrzehnts sind gleich mehrere Problem-Lawinen über die Bundeswehr hereingebrochen. Das ließ sie nicht gut aussehen. Für viele Beobachter war das Anlass zu Spott und Häme. Da sollte man aber nicht unbedingt mitmachen, auch wenn es manchmal schwer fällt, denn damit würde man es sich zu leicht machen. Lässt man all die Fehlentscheidungen, Pleiten und Pannen, von denen im Folgenden einige aufgezählt werden (ohne Vollständigkeit anzustreben), Revue passieren, dann wird aus der Armee ohne Auftrag eine Armee ohne Chance zur Auftragserfüllung. Egal, um welchen Auftrag es sich handelt. Dieser Zustand – bedingt auftragserfüllungsfähig – hält nun schon länger an. Er wird seit ein paar Jahren öffentlich wahrgenommen, nicht zuletzt aufgrund von selbstkritischen Äußerungen aus den Streitkräften selbst. Er wird kommentiert, beklagt und kritisiert, ohne dass sich jedoch am Ende dieses Tunnels merkliche Aufhellungen erkennen ließen. Er wird auch gar nicht so selten von den verantwortlichen Politikern und anderen schönzureden versucht. Aber derlei ist mit der Zeit immer unglaubwürdiger geworden.

Unter sicherheitspolitischen Gesichtspunkten ist das alles höchst verwunderlich. Macht es denn gar nichts, wenn die Bundeswehr nicht so funktioniert, wie sie möchte und müsste?

In den Sand gesetzt

Um ausnahmsweise mit einer kleinen persönlichen Reminiszenz zu beginnen: Für mich waren es vor allem zwei Vorgänge, welche die Inkonsequenz und den empörenden Mangel an Gediegenheit der sicherheits- und rüstungspolitischen Entscheidungsträger in Berlin offenlegten:

Erstens das halbherzige, mit einem riesigen Aufwand an *Public Diplomacy* und natürlich auch Finanzmitteln in Gang gehaltene Transformationsengagement in Afghanistan, für das die Bundeswehr nicht vorbereitet war. Der Staat dort sollte stabilisiert, seine Ordnungskräfte besser ausgebildet, außerdem eine Art Zivilgesellschaft nach abgespeckten westlichen Vorbildern gefördert werden. Externe Demokratieförderung lautet der Fachbegriff dafür. Fette Versprechungen, magerste Ergebnisse. Aber zugegeben, diese Fehleinschätzung war nicht nur ein Problem Deutschlands. Kein einziges an den Afghanistan-Missionen beteiligte Land machte es wesentlich besser, auch die UNO nicht. Alle zivilen und militärischen Kontingente, ebenso die zahlreichen Nichtregierungsorganisationen, die dem Land auf ihre Weise nützlich sein wollten, scheiterten an der inneren Zerrissenheit Afghanistans; manchmal trugen sie auch dazu bei, sie zu vertiefen. In Deutschland konnte selbst der Vorfall mit den Luftangriffen auf die beiden gekaperten Tanklaster in der Nähe von Kunduz im September 2009 keine umfassende Debatte über den Sinn, das Ziel und die Angemessenheit der Zweck-Mittel-Relation auslösen. Stattdessen schäumte damals kurz eine Moraldiskussion auf, und das war's dann. Man kann, wenn man will, die enormen Kosten des Afghanistan-Einsatzes der Bundeswehr für den deutschen Steuerzahler beklagen, grob geschätzt etwa zehn Milliarden. Wichtiger noch sind aber der sicherheitspolitische Gesichts- und Vertrauensverlust, der sich aus dem nur halbherzig, wenn überhaupt eingestandenen Scheitern in Afghanistan ergibt.

Zweitens das spätestens im März 2013 auch in seinen finanziellen Ausmaßen offenbar gewordene Desaster bei der Beschaffung der *Euro Hawk*-Aufklärungsdrohne. Mit ihr, die sich in Höhen über 20 000 Metern bewegen kann, sollten Daten wie zum Beispiel Telefongespräche und andere Kommunikationen am Boden aufgenommen und dann per Funk an eine Bodenstation übermittelt werden. Die Riesendrohne wurde von einer amerikanischen Firma geordert. Die Aufklärungselektronik, das System ISIS, entwickelten und produzierten europäische Firmen. Erst nachdem die Herstellung dieser technologisch avancierten Hybriddrohne schon weit fortgeschritten und ein dreistelliger Millionenbetrag ausgegeben war, fiel ein Umstand auf, von dem man zunächst nicht glauben kann, dass er das ganze Projekt zu Fall bringen würde: Das militärische Großgerät benötigte in und für Deutschland eine Zulassung für die zivile Luftfahrt. Das Argument der deutschen Flugsicherung dazu lautete, eine Operation über 20 000 Metern Höhe sei zwar zulassungsfrei, aber die Drohne müsse ja erst einmal in diese Höhe gelangen. Außerdem gäbe es ja immer die Gefahr eines Unfalls in der Luft und als Folge davon ein Absinken in die Flugbereiche des zivilen Luftverkehrs.

Dieses Argument war im Ministerium seit 2009 bekannt. Daraufhin wurde dort gegen die Bedenken der hausinternen Rüstungsabteilung beschlossen, die Drohne so umbauen zu lassen, dass sie in Deutschland auch für den zivilen Flugverkehr zugelassen werden kann. Außerdem sollten die Arbeiten an der für die Drohne entwickelten Radartechnologie ISIS weitergehen. 2012 stellte sich heraus, dass der Drohnen-Umbau dramatisch teuer würde. Daraufhin stoppte Minister de Maizière (CDU) das Projekt. Das Radarsystem, so hoffte man, könnte vielleicht anderswo Verwendung finden, weshalb seine Entwicklungskosten auch nicht vollständig vergeudet seien.

Nachdem damit die Beschaffung der *Euro Hawk*-Drohne geplatzt war, setzte das Ministerium, jetzt unter der Leitung von Ursula von der Leyen (CDU), auf ein Nachfolgemodell, die ebenfalls in den USA hergestellte Drohne MQ-4 Triton. Auch hier war geplant, ein in Deutschland produziertes elektronisches Aufklärungssystem in das unbemannte Fluggerät einzubauen. 2019/2020, *same procedure as every year,* kam es dann erneut zur Stornierung dieses Auftrags. Auch bei dieser Entscheidung spielten wieder die Probleme mit der Zulassung für den zivilen Luftverkehr eine Rolle. Für die Zukunft wird eine andere Lösung favorisiert, nämlich der Einsatz bemannter Flugzeuge.

Dass die, wie *Die Welt* es formulierte, »Drohnen-Posse« gleich zweimal aufgeführt wurde und große Geldsummen im Abstand von wenigen Jahren ein ums andere Mal verpulvert wurden, zeigt deutlich ein ministerielles Führungsversagen. Das ist gewissermaßen die Bundesrechnungshof-Perspektive. Die ist legitim und wichtig, denn die Leichtfertigkeit, die den behördlichen Umgang mit dem Geld anderer Leute kennzeichnet, zerstört das Vertrauen der Bürger in das staatliche Handeln.

Unter sicherheitspolitischen Gesichtspunkten ist darüber hinaus mindestens ebenso verstörend, dass es über Jahre hinweg nicht gelungen ist (gar nicht versucht wurde?), die Kriterien für die Zulassung zum zivilen Luftverkehr und für den Einsatz eines militärischen Aufklärungssystems kompatibel zu machen. Nebenbei bemerkt: Gegnerische Aufklärungssysteme in der Luft werden sich ganz bestimmt nicht an die Vorstellungen unserer Zulassungsbehörde für den zivilen Luftverkehr halten.

Lauter Hiobsbotschaften

Rüstungsskandale hat es bei der Bundeswehr auch früher gegeben. Bei den Streitkräften anderer Länder gibt es sie auch. Offenbar funktioniert das Akteursdreieck, bestehend aus der Militärführung samt Beschaffungsverwaltung (dem Nachfrager), der Rüstungsindustrie (dem Produzenten) und Regierung plus Parlament (dem Geldgeber), zu oft nach dem Prinzip des Bermudadreiecks. Jedenfalls nicht harmonisch und rational.

Für die Bundeswehr haben sich diese Disharmonien und Irrationalitäten bei der Beschaffung und dem Unterhalt von Rüstungsgütern im letzten Jahrzehnt geradezu exponentiell erhöht, was zu einer Dauerlawine von Hiobsbotschaften über das Funktionieren oder Nichtfunktionieren ihrer Ausrüstung geführt hat. Wer in den letzten Jahren die Nachrichten über die Misshelligkeiten der Bundeswehr in den seriösen Medien verfolgt hat, hat kopfschüttelnd viele solcher Tatarenmeldungen zur Kenntnis nehmen müssen. Das Kopfschütteln als Ausdruck eines »Das kann doch nicht wahr sein«! Auch deshalb, weil die Verantwortlichen selbst die vielen Pannen und Unzulänglichkeiten immer mal wieder einräumen mussten, ohne dass sich Entscheidendes verändern sollte.

So konnte man Anfang Juli 2011 in der *Wirtschaftswoche* einen Artikel lesen, der überschrieben war »Bundeswehr ist teuer, aber wehrlos«. Die Unterzeile lautete dann »Zu wenig Einsatzkräfte, verknöchert und chronisch klamm: Die Bundeswehr ist die ineffizienteste Armee der westlichen Allianz«. Dieses Urteil bezog sich in der Hauptsache auf das Afghanistan-Kontingent der Bundeswehr. Es sei »teilweise erbarmungswürdig ausgestattet«, wie man aus dem Hauptquartier der NATO in Brüssel höre. Zitiert wird auch ein Satz des damaligen Verteidigungsministers de Maizière, der bei seinem Amtsantritt im Frühjahr 2011 festgestellt habe, die Organisation und Strukturen der Bundeswehr seien für den jetzigen und erst recht für den zukünftigen Auftrag der Bundeswehr unzureichend. Die Ausgaben pro Soldat im Einsatz, so eine in diesem Artikel aus anderer Quelle zitierte Angabe, seien bei der Bundeswehr jedoch dreimal so hoch wie im EU-Durchschnitt.

Thomas de Maizière, der ab März 2011 als Verteidigungsminister amtierte, galt als politisch erfahren, ruhig und solide. Nach der sprunghaften Art seines Vorgängers zu Guttenberg erschien seine Berufung wie Balsam für die

Reformstresswunden der Soldaten und zivilen Mitarbeiter der Bundeswehr. De Maizières Vorschusslorbeeren welkten aber rasch dahin. Die Langzeit-Probleme bei der Beschaffung wurden nun auch noch verschärft durch die Abschaffung (offiziell: Aussetzung) der Wehrpflicht zum 1. Juli 2011. Die Bundeswehr musste ihr Rekrutierungssystem umstellen; außerdem musste das Personal, das bis dahin für die Ausbildung der Wehrpflichtigen eingesetzt war, umgesetzt werden. Alles in allem erwies sich die Amtszeit de Maizières als Enttäuschung. Seine Nachfolgerin wurde Ende Dezember 2013 Ursula von der Leyen. Sie kündigte sogleich tief reichende Veränderungen an, die den Soldatenberuf attraktiver, die schwerfälligen Arbeitsstrukturen im Ministerium effizienter machen und die Einsatzfähigkeit der Truppe erhöhen sollte. Dem sah die gebeutelte Bundeswehr mit einer Mischung aus Skepsis und Grauen, auf jeden Fall in Erwartung von weiterem Reformstress entgegen.

Zur Begrüßung und als kalte Dusche der neuen und so entschlussfreudig auftretenden Ministerin gab es im Jahr 2014 eine ganze Phalanx von Pressemeldungen, Nachrichten und Artikeln mit niederschmetternden Informationen über die »desolaten Zustände bei der Bundeswehr« (*FAZ,* 27.09.14). Viele dieser Informationen beruhten auf einer Mängelbestandsaufnahme aus dem Ministerium sowie einem Bericht, den die Inspekteure von Heer, Luftwaffe und Marine dem Verteidigungsausschuss des Bundestages präsentierten. Aus Übersichten über die Einsatzbereitschaft der Großwaffensysteme der Bundeswehr ging etwa hervor, dass von den insgesamt vorhandenen verschiedenen Hubschrauber-Modellen (Tiger, NH90, Sea King, Sea Lynx, CH53) nur ca. ein Fünftel einsatzbereit war. Von den zusammen knapp 200 Kampfjets

Eurofighter und Tornado waren 80 einsatzbereit, von den fünf Korvetten K130 gerade einmal zwei und von den vier U-Booten U212 immerhin eines. Und so kann man Waffensystem für Waffensystem durchgehen, ohne an irgendeiner Stelle auf einigermaßen ermutigende Zahlen zu stoßen. Im Gegenteil, in manchen kritischen Berichten wie etwa im *Spiegel* (29.09.14) wurde darauf hingewiesen, dass manche dieser deprimierenden Zahlen geschönt wurden, übrigens mit Wissen der Amtsspitze.

Die Materialkrise der Bundeswehr war zu diesem Zeitpunkt so gravierend, dass alle möglichen Pannen passierten, die die Öffentlichkeit zu wenig schmeichelhaften bis sarkastischen Kommentaren über die Bundeswehr inspirierten. Wenn eine Transall nach Westafrika fliegen soll, aber auf Gran Canaria notlanden muss oder eine andere Maschine des gleichen Typs von Leipzig nach Erbil im kurdischen Teil des Irak unterwegs ist, aber nur bis Bulgarien kommt, dann lassen entsprechende Kommentare nicht auf sich warten (*Die Zeit,* 01.10.14).

Probleme wurden aber nicht nur bei der Beschaffung und Wartung von Großgeräten offenbar. Kurz nach 2000 galt *Outsourcing* als ein praktikables Verfahren, um Geld einzusparen und um sich in der Bundeswehr auf die eigenen »Kernaufgaben« konzentrieren zu können. Als Konzept interessant, in der Praxis aber oft zwiespältig. Die Bundeswehr übertrug damals, der zuständige Minister war Rudolf Scharping (SPD), eine Reihe Unterstützungsleistungen für das Militär an private Firmen, an denen sie sich allerdings sicherheitshalber auch selbst beteiligte. Eines der Pilotprojekte war 2002 die Übertragung des Managements ihrer Bekleidungswirtschaft an die LHBw, die von zwei privaten Firmen unter 25-prozentiger Beteiligung der Bundeswehr geleitet wurde. Bekleidung im Militär umfasst alle Sorten Uniformen, aber auch Funktionskleidung für Einsätze. Ende 2014, Anfang 2015, als ob es da nicht schon genug internen Ärger gäbe, stellte sich heraus, dass die Bundeswehr die LHBw vollständig zurückkaufen musste, um einen Konkurs zu verhindern. Die Kosten des Rückkaufs wurden auf 50 bis 60 Millionen geschätzt. Peanuts also im Vergleich zu vielen anderen Ausgaben.

Spätestens mit dem Amtsantritt von der Leyens und während der ersten Monate ihrer Amtszeit sind die Probleme der Bundeswehr mit ihrer Ausstattung, ihren Waffen und Geräten intern und öffentlich ausgiebig diskutiert worden. Abhilfe zu schaffen, hatte sich die Ministerin vorgenommen und gleichzeitig, wie man als Politiker klugerweise tut, um Geduld gebeten. Von heute auf morgen seien keine Effizienzwunder zu erwarten.

Truppe am Limit

Hat sich das Erscheinungsbild der Bundeswehr seitdem verbessert? Eine rhetorische Frage, denn alle, die sich auch nur ein wenig mit Sicherheitspolitik und der Bundeswehr beschäftigen, wissen, dass das nicht der Fall ist. Die entschlussfreudige, zupackende, manchmal leider auch vorlaute Ministerin und ihre engen Mitarbeiter, darunter auch die von der Unternehmensberatungsfirma McKinsey geholte Staatssekretärin Katrin Suder, kämpften an mehreren inner-organisatorischen Frontlinien zugleich, um die katastrophale Situation zu verbessern, mit der die Truppe sich abplagen musste. Manche dieser Kämpfe endeten ergebnislos, manche gingen mit Aplomb verloren, der eine oder andere war auch erfolgreich. Unterm Strich kann man die Bilanz der Amtszeit von der Leyens schwerlich als Erfolg bezeichnen, selbst wenn man in Rechnung stellt, dass sich die meisten Schwierigkeiten der Bundeswehr kurzfristig gar nicht überwinden lassen.

Das dringlichste Problem der Bundeswehr auch in dieser Zeit lässt sich in dem Satz zusammenfassen: »Es fehlt an allem.« In seinem Jahresbericht 2015 hat das der Wehrbeauftragte Hans-Peter Bartels (SPD) am Beispiel eines Panzergrenadierbataillons illustriert, das für den Krisenreaktionsverband der NATO (der sogenannten NATO-Speerspitze) topfit ausgerüstet sein sollte. Um dies zu erreichen, musste es sich 15 000 Ausrüstungsgegenstände von 56 Verbänden aus der gesamten Bundeswehr ausleihen, darunter Schutzwesten, Nachtsichtbrillen, Munition, Kampfstiefel. Dies alles fehlte dann logischerweise bei den »Leihgebern«. »Die kleinste und marodeste Bundeswehr aller Zeiten«, titelte dazu *Die Welt* (26.01.2016).

Viele Soldaten sind längst dazu übergegangen, im täglichen Dienst benötigte Ausrüstungsgegenstände, die von der Bundeswehr gar nicht, zu spät oder in schlechter Qualität zur Verfügung gestellt werden, auf eigene Rechnung zu kaufen. Das ist eigentlich niemandem zuzumuten. Nun können aber die Soldaten, selbst wenn sie ihr Geld zusammenschmeißen, die fehlenden oder nicht funktionierenden Großgeräte nicht selbst erwerben. Und hier sah es in den Jahren 2018/2019 nicht besser aus als 2012/2013.

Der »Puma«, der »weltweit teuerste Schützenpanzer«, konzipiert als »Computer auf Panzerketten« nach der

Jahrtausendwende, ist extrem störanfällig und deshalb oft nicht einsatzbereit. Die der Truppe zugeführten Exemplare müssen teuer nachgerüstet werden. Die komplette U-Boot-Flotte der deutschen Marine ist seit Mitte Oktober 2017 lahmgelegt, meldete die *FAZ* (02.02.18). Im Juni 2018 gab die Marine bekannt, dass ihre letzten beiden Tankschiffe wegen Mängeln an der Antriebsanlage stillgelegt worden seien. Einen Monat nach seiner Ernennung zum Inspekteur der Luftwaffe stellte Ingo Gerhartz nüchtern fest, die Luftwaffe befinde sich aufgrund von Mängeln bei Kampfflugzeugen und Hubschraubern »an einem Tiefpunkt der Einsatzbereitschaft«. Im Frühjahr und Sommer 2018 überboten sich derartige Meldungen. Der Wehrbeauftragte gab wiederholt zu Protokoll, die Bundeswehr insgesamt sei nicht einsatzfähig. Der langjährige militärische Berater von Bundeskanzlerin Merkel, Erich Vad, meinte in einem Interview: Statt eine ungeliebte, regelmäßig öffentlich verhöhnte und nicht einsatzfähige Bundeswehr mit vielen, aber eben nicht ausreichenden Milliarden Euro am Leben zu halten, »sollten wir sie lieber abschaffen« (*Cicero,* 22.02.2018). In der Sprache der Psychologen stellt eine solche Äußerung eine »paradoxe Intervention« dar, denn selbstverständlich hat sich der General a. D. nicht ins Lager derjenigen begeben, die für die Abschaffung der Bundeswehr plädieren.

Wenn man die Amtszeit der Ministerin von der Leyen von 2013 bis 2019, eine Ära kann man sie wohl nicht nennen, bewerten will, kommt man um die bittere Einsicht nicht herum, dass sich trotz immer wieder vorgebrachter vollmundiger Ankündigungen »oben« im Ministerium, »unten« in der Truppe nichts wirklich verbessert hat. Ihre Ausstattung ist weiterhin desolat, die Stimmung weiterhin gedrückt bis grimmig. Dass dies so ist, kann man nicht auf Untätigkeit und Trägheit zurückführen, denn tatsächlich ist ja in dieser Zeit vom Ministerium einiges versucht worden, um die Lage zu verbessern, nicht zuletzt eine deutliche Erhöhung der Verteidigungsausgaben. Diese gehört auch sicherlich zu den Voraussetzungen für eine bessere Bewältigung der kumulierten Probleme, mit denen die Streitkräfte zu kämpfen haben. Wenn man diese Voraussetzung mit der Lösung gleichsetzt, begeht man allerdings einen fatalen Fehler.

Fehlt es an Geld?

Nein, letztlich lag's nicht am Geld. Andererseits – keine Frage, Geld fehlt natürlich immer. Keine Organisation würde jemals das Angebot ausschlagen, mehr Geld ausgeben zu dürfen. Die Lebenserfahrung, die individuelle und die in und mit Organisationen aller Art, besagt allerdings, dass von erhöhten Geldzuflüssen allein nicht die Lösung aller Probleme zu erwarten ist. Das trifft auch für die Bundeswehr zu. Die leidet zweifellos unter dem Sparkurs der Bundesregierung, die diesen allerdings wegen der Banken- und Schuldenkrise 2008 einschlagen musste, dabei vielleicht auch übers Ziel hinausgeschossen ist. Aber erstens ist es ja nicht so, dass *vor* dieser Doppelkrise in der Bundeswehr alles reibungslos lief. Und zweitens ist beim Geld sowieso immer die Frage entscheidend, ob man es vernünftig einsetzt oder verpulvert.

Den Verpulverungsverdacht wird man, wenn es um die Bundeswehr geht, aber nicht los. Es gibt schlicht zu viele Beispiele, bei denen man sich fragt, ob die für das Geldausgeben Verantwortlichen im Ministerium inhaltlich und methodisch die richtigen Entscheidungen treffen. Zwei davon seien hier stellvertretend genannt:

Im Jahr 2010 beschlossen die damaligen Inspekteure von Heer und Luftwaffe einen Transporthubschrauber-Tausch. Das Heer sollte die neuen (aber nicht immer funktionsfähigen) Helikopter NH-90 an die Luftwaffe abgeben und dafür die älteren und zuverlässigeren Maschinen vom Typ CH-53 bekommen. Die Begründungen für diesen »Fähigkeitstransfer« waren zwar nicht überzeugend. Aber da die beiden Inspekteure dem Verteidigungsausschuss versicherten, der Tausch werde keinerlei Zusatzkosten erfordern, bekamen sie grünes Licht. Tatsächlich entstanden aber sehr wohl Folgekosten, und zwar in dreistelliger Millionenhöhe, etwa weil Flughäfen umgebaut und Piloten umgeschult werden mussten.

In die nächsthöhere Verschwendungskategorie fällt die Schauergeschichte der »Gorch Fock«-Sanierung. Das Segelschulschiff der Marine, gebaut wurde es 1958, umweht ein gewisser Mythos; ob es für die Ausbildung der Kadetten wirklich unabdingbar ist, sei dahingestellt. Wie auch immer, die Instandsetzung, so hieß es 2015, sollte etwa 10 Millionen Euro kosten. Dann aber stiegen die Kosten auf 135 Millionen, was aber der zuständigen Ministerin verborgen blieb. »Keine Wirtschaftlichkeitsuntersuchung, fehlende Sorgfalt, mangelnde Transparenz, Verstöße gegen hausinterne Vorgaben und Vergaberecht, unter den Tisch gekehrte Warnungen vor einer Kostenexplosion sowie mangelnde oder gar falsche Informationen für Ressortchefin Ursula von der Leyen«, das ergab eine regierungsinterne Ermittlung 2019 (*ntv,* 08.04.2019). Dann machte auch noch die Werft Pleite, die die Sanierung übernommen hatte, und es verdichteten sich zusätzlich Hinweise darauf, dass ein Teil der gezahlten Millionen in privaten Taschen verschwunden waren. Auf starkes Drängen der Marine-Führung wurde 2019 das Projekt aber dennoch nicht abgebrochen. Eine andere, solide Werft führt die Sanierungsarbeiten inzwischen weiter. Welche Zahlen auf der Endabrechnung stehen werden, weiß heute noch niemand.

Ursula von der Leyen hat sich in ihrer Amtszeit mehrere organisationsinterne und zugleich öffentlichkeitswirksame Konflikte eingehandelt. Einer davon entstand um das Standardgewehr der Truppe, das G36, und endete für alle Beteiligten als teure Niederlage. Die Frontverläufe dieses Konflikts sind auch heute noch immer nicht ganz klar. Die Bundeswehr bezog das vollautomatische Sturmgewehr G36 von der Waffenfirma Heckler & Koch. Seit Mitte der 1990er-Jahre gehörte es zur Standardausrüstung der Soldaten. Klagen über Mängel des Gewehrs wurden nicht bekannt – es erfüllte die in es gesetzten Erwartungen ohne Abstriche. Bis dann 2010/2011 erste Hinweise auf mangelhafte Präzision des Gewehrs aufkamen. Probleme mit der Treffsicherheit machten sich störend bemerkbar, wenn die Waffe heißgeschossen war. Solche Hinweise kamen in erster Linie von den Soldaten in Afghanistan. Eindeutig war dieses Urteil aber nicht, denn bei einer Befragung von Soldaten im Einsatz äußerte die große Mehrheit ihre Zufriedenheit mit dem Gewehr. Das könnte aber auch daran liegen, dass die Mehrzahl der Befragten keine Erfahrungen mit Mini-Gefechten aufwiesen, in deren Verlauf die eigenen Waffen heißgeschossen wurden. Im Ministerium standen sich jedenfalls die G36-Befürworter und seine Gegner unversöhnlich gegenüber. Die Ministerin beschloss daraufhin, alle G36-Gewehre auszumustern (etwa 165 000 Stück) und von Heckler & Koch Schadensersatz zu verlangen. Den angestrengten Gerichtsprozess verlor das Ministerium 2016. Unabhängig davon wurde beschlossen, ein neues Sturmgewehr einzuführen. Nach einer Ausschreibung und Prüfung der Angebote soll die Entscheidung über den 250 Millionen-Auftrag im Jahr 2020 fallen.

Beschaffungswesen

Mit der Heckler & Koch-Kontroverse sind wir schon beim Beschaffungswesen der Bundeswehr und seinen Problemen gelandet. Das Beschaffungswesen der Bundeswehr, nicht nur das für Großgeräte und teure Waffensysteme, auch das für die kleineren Ausrüstungsgegenstände des soldatischen Alltags, hat keinen guten Ruf: zu schwerfällig, ein »Bürokratiemonster«. Schon das Akronym des für die Beschaffung zuständigen Amtes klingt monströs: BAAINBw, mit vollem Namen »Bundesamt für Ausrüstung, Informationstechnik und Nutzung der Bundeswehr«. Es hat seinen Sitz in Koblenz und umfasst knapp 7000 Stellen, wozu noch eine größere Zahl Dienstposten in nachgeordneten Bereichen kommen. Insgesamt sind es über 10 000 Stellen, von denen allein in Koblenz über 2000 unbesetzt sind. Das wirkt als Problemverschärfung: eingefahrene Bürokratie tendiert ohnehin zu Schwerfälligkeiten. Überlastete Bürokratie drückt die Produktivitätskurve zudem kräftig nach unten.

Das BAAINBw ist sozusagen eine Sonderbürokratie innerhalb des bürokratischen Lenkungsapparats für die Streitkräfte. Es ist einerseits völlig überfordert, etwa wenn es um die juristisch feingestrickten Verträge über die Bestellung von Großgeräten geht. Dann sitzen den Koblenzer Beamten – man braucht sie nicht bieder zu nennen, aber dieses Adjektiv drängt sich auf – hoch bezahlte und mit sämtlichen Vertragsabschlusstricks vertraute Juristen gegenüber. Da kann es schon einmal vorkommen, dass sich die Bundeswehr gegenüber dem Rüstungsproduzenten auf »Selbstreparaturverzichtserklärungen« einlässt, etwa beim Eurofighter oder der Fregatte F125. Bei manchen Waffensystemen dürfen die bundeswehreigenen Ingenieure und Mechaniker bei Reparaturen nicht einmal zusehen. Die Rüstungsindustrie geht jedenfalls nicht sehr zimperlich mit ihrem einheimischen Großkunden um, der es zum Beispiel auch nicht durchsetzen konnte, dass bei nicht eingehaltenen Abgabeterminen und -fristen Vertragsstrafen fällig werden.

Im BAAINBw haben sich andererseits aber auch zeitaufwendige Entscheidungshemmnisse herausgebildet, die zu Funktionseinbußen bei der Truppe führen, da diese nicht rechtzeitig und nur mit großem, energiezehrendem bürokratischem Aufwand an das benötigte Material kommt. Um die Stimmung zwischen dem Ministerium in Berlin, dem Koblenzer Amt und der Truppe steht es deshalb schon länger nicht zum Besten.

Dafür sorgten nicht zuletzt die neuen Akzente, die mit der Berufung von Katrin Suder als Staatssekretärin im Verteidigungsministerium angekündigt waren. Die frühere McKinsey-Managerin sollte das BAAINBw »auf neuen Kurs bringen« (*FAZ*, 9.3.2019). Die »Fehlerkultur« im Beschaffungswesen war ja bekannt. Ihr sollte es an den Kragen gehen: Die komplexen Arbeitsabläufe im Amt sollten beschleunigt werden, was auch teilweise gelang. In längerer Perspektive sollte das Amt in eine (bundesunmittelbare) Körperschaft des öffentlichen Rechts umgewandelt werden. Damit würde es zu einer rechtlich selbstständigen Bundesagentur mit eigenen Sachmitteln und Personalstellen kommen, was auf den ersten Blick eher nebensächlich aussieht. Es hätte aber unter Umständen erhebliche Auswirkungen auf die Binnenstrukturen des Amtes, vielleicht auch auf das interne Anforderungsklima. Diese Aussicht stieß deshalb bei der Belegschaft auf heftigen Widerstand, der bislang erfolgreich war.

In Handbüchern der Organisationssoziologie kann man lesen, dass, wer eine eingefahrene Organisation auf Trab bringen will, dies am ehesten mittels Impulsen von außen bewerkstelligen kann. Sie müssen allerdings geschickt eingesetzt werden. Katrin Suder, die im April 2018 entnervt aus dem Ministerium ausschied, hat das Beschaffungswesen der Bundeswehr mit Hilfe externer Berater zu verbessern versucht. Damit öffnete sie aber eine Büchse der Pandora. Denn sie entschied sich für recht unkonventionelle Wege, um das Beschaffungswesen zu beschleunigen. Kurz gesagt: Die Vergabepraxis für millionenschwere Aufträge an externe Rechts-, IT- und Strategieberater verlief in zahlreichen Fällen rechtswidrig. Als das bekannt wurde, richtete der Bundestag einen Untersuchungsausschuss ein, der die Hintergründe beleuchten sollte. Dessen Recherchen erbrachten zwar keine Ergebnisse, die auf schwerwiegende kriminelle Machenschaften hindeuten, sehr wohl aber auf eine grassierende Mentalität des Abwälzens von Verantwortung im Ministerium, die von unten bis ganz nach oben reicht. Letztlich sind die mit ungeduldiger Methodik in Gang gesetzten Reformen des Beschaffungswesens der Bundeswehr stecken geblieben. Eine wenig ermutigende Bilanz.

Mehr Aufgaben

Reformstress und Problem-Lawine haben der Bundeswehr in den letzten Jahren schwer zugesetzt. Annegret Kramp-Karrenbauer, die von der Leyen-Nachfolgerin im Bendler-Block und Vorsitzende der CDU (beides wohl nur für eine überschaubare Zeitspanne), merkte in einem Zeitungsinterview an, in der Öffentlichkeit habe sich der Eindruck festgesetzt: »In der Bundeswehr fliegt nichts, fährt nichts, geht nichts zur See.« Die Bundeswehr sei zum »Gespött Deutschlands« geworden. Dieses bittere Eingeständnis vom September 2019 klingt übertrieben dramatisch, gibt aber leider doch eine in der Bevölkerung verbreitete Grundstimmung wieder. Wenn man von der Bundeswehr hört, dann meistens von Peinlichkeiten, Pech und Pannen. Dies ist, nach fünfeinhalb Jahren intensiver Reformbemühungen (nicht nur) des Beschaffungswesens der Streitkräfte, eine ebenso nüchterne wie erschreckende Aussage.

Sie verdeckt freilich, dass hinter den organisatorischen Pleiten und den enormen bürokratischen Reibungsverlusten, die der Truppe zu schaffen machen, vieles dennoch ganz gut funktioniert. Das lässt sich allerdings schwer messen, weil der normale militärische Alltag in der Vorbereitung auf sehr unterschiedliche Einsätze und das Einüben militärischer Professionalität besteht, die in der Regel nicht abgerufen werden. Außer bei den Auslandseinsätzen, die ihrerseits eine breite Palette militärischer Aktivitäten umfasst. Dazu gehören etwa die Ausbildung und das Training von Sicherheitspersonal anderer Staaten, Schutz von Handelsschiffen, Überwachung von Waffenstillständen, Seeraumüberwachung im Mittelmeer und im Nordatlantik. Nicht zu vergessen die Militärpräsenz in Litauen im Rahmen der Bündnisverteidigung der NATO. Die an solchen Einsätzen beteiligten Soldaten verdienen allen Respekt.

Nur: Erstens macht das nicht mehr als einen kleinen Teil der etwas über 180 000 Soldatinnen und Soldaten der Bundeswehr aus, selbst wenn man berücksichtigt, dass eine Reihe von Planstellen unbesetzt sind. Zweitens stehen seit längerem – spätestens seit dem koordinierten Auftritt des damaligen Bundespräsidenten, des damaligen Außenministers und der damaligen Verteidigungsministerin auf der Münchner Sicherheitskonferenz 2014 – die Bekenntnisse deutscher Spitzenpolitiker im Raum, dass sich das Land seinem politischen und wirtschaftlichen Gewicht entsprechend auch militärisch stärker engagieren werde. Annegret Kramp-Karrenbauer hat sich ausdrücklich auf den sogenannten Münchner Konsens berufen. Sie proklamierte, allen Problemen zum Trotz, die Bundeswehr sei auch heute schon in der Lage, zusätzliche Auslandseinsätze zu übernehmen.

Ist sie das wirklich, angesichts der Materiallage, die sich trotz stetig steigendem Verteidigungsetat nicht bessern will? Die verschiedenen Aussagen Kramp-Karrenbauers über die neuen Aufgaben für die Bundeswehr und das Echo darauf decken den tief verankerten Zwiespalt der deutschen Sicherheitspolitik auf. Da geht es um mehr als die unter deutschen Politikern übliche Diskrepanz zwischen den barocken Floskeln über »mehr internationale Verantwortung«, die man übernehmen wolle, und der Abwehr militärischer Verantwortungsübernahme. Diese Diskrepanz ist auch gegenwärtig in der Koalition zwischen Christdemokraten und Sozialdemokraten zu beobachten. Zum Ärger etwa von Außenminister Maas (SPD) hat Frau

Kramp-Karrenbauer durchaus verstanden, dass Weltpolitik von Deutschland und der Europäischen Union aus, wenn sie gestalterisch sein und die eigenen Interessen sichern will, stärker als früher auf das Instrument der Streitkräfte zurückgreifen können muss. Dafür, so scheint es, fehlen das politische Bewusstseins und der politische Wille. Sie versucht, beidem auf die Sprünge zu helfen. Das geht nicht mit Floskeln und wohlfeilen Sprüchen.

Auf der anderen Seite überschätzt die Ministerin eindeutig die Fähigkeit der Bundeswehr, in ihrer gegenwärtigen Verfassung weit über ihre Leistungsgrenzen hinausgehen zu können.

Fazit

»Armee ohne Auftrag«, das heißt nicht, die Bundeswehr hätte nach dem Ende des Ost-West-Konflikt keine Beiträge zur deutschen Sicherheitspolitik geleistet. Stattdessen soll mit dieser Formel zum Ausdruck gebracht werden, dass die deutsche Sicherheitspolitik sich des Instruments der Streitkräfte nicht angemessen zu bedienen weiß. Eine Mehrheit der Bevölkerung und auch einige dem eher linken Spektrum der Parteienlandschaft zuzuordnenden Parteien wiederholen gebetsmühlenartig Slogans wie »Krieg ist keine Lösung«, was in der Tat zutrifft, wenn man unter Lösung die Heilung aller gesellschaftlichen Wunden versteht. Dass jedoch gewaltsame Konflikte, wenn sie drohen oder gar schon in Kriegshandlungen übergegangen sind, nicht allein mit gutem Zureden und der Verteilung von Schecks eingedämmt werden können, ist an sich selbsterklärend.

Wenn die internationale Politik, wie heute zu beobachten, an allen Ecken und Enden von gewalttätigen Konflikten durchzogen ist, bleibt gar nichts anderes übrig, als die eigenen Interessen – die direkten materiellen Interessen wie die an einer werte- und normengebundenen Ordnung – mit dem ganzen Spektrum der zur Verfügung stehenden sanften und harten Macht zur Geltung zu bringen. Verzichtet man darauf, aus welchen Gründen auch immer, wird man leicht zum Spielball anderer Mächte. Das jüngste Beispiel für diese Unentschlossenheit deutscher und europäischer Sicherheitspolitik bieten die Mittelmeer-Region und speziell die Bürgerkriege in Syrien und Libyen – mit gefährlichen Auswirkungen auf die eigene Sicherheit.

Die deutsche Sicherheitspolitik weiß mit der Bundeswehr nichts Richtiges anzufangen. Diese These durchzieht jedes einzelne Kapitel dieses Buches. Das hat gravierende Folgen für das Auftreten Deutschlands auf der internationalen Bühne und auch für die Bundeswehr selbst. Wenn sie nicht oder nur rhetorisch als wichtig erachtet wird, dann kann sie die nötigen Beiträge zur Sicherheit des Landes und zur Sicherung seiner Interessen nicht leisten.

Die meisten Schwierigkeiten und Probleme der deutschen Sicherheitspolitik machen sich hauptsächlich auf vier verschiedenen, miteinander verquickten Ebenen bemerkbar:

Erstens ist der politischen Führung die Anpassung an die weltpolitische Lage nach 1990 mit ihren neuen Herausforderungen nur ungenügend gelungen. Das betrifft sowohl ihre Lagebeurteilung als auch die Ausarbeitung strategischer Handlungsoptionen.

Zweitens dominiert in der deutschen Gesellschaft nach wie vor eine Vorstellung von Außen- und Sicherheitspolitik, in der für die Verwendung von Streitkräften als Mittel der Politik im Grunde kein Platz ist.

Drittens dreht sich der Fachdiskurs über Strategiefähigkeit, strategische Autonomie und sicherheitspolitische Prioritäten seit längerem im Kreise.

Viertens hat es das zivile und militärische Führungspersonal der Bundeswehr nicht vermocht, die Effizienz der Streitkräfte auf angemessen hohem Niveau zu stabilisieren.

Fehleinschätzungen und -entscheidungen auf diesen verschiedenen Ebenen verstärken sich gegenseitig. Das heißt aber auch, dass die notwendigen Veränderungen der deutschen Außen- und Sicherheitspolitik auf allen vier Ebenen zugleich vorangebracht werden müssen.

Literatur

Bach, Alois / Sauer, Walter (Hg.) (2016): *Schützen – Retten – Kämpfen. Dienen für Deutschland.* Berlin: Miles-Verlag.

Bahr, Egon (2003): *Der deutsche Weg. Selbstverständlich und normal.* München: Karl Blessing.

Bartels, Hans-Peter (2019): *Deutschland und das Europa der Verteidigung. Globale Mitverantwortung erfordert das Ende militärischer Kleinstaaterei.* Bonn: J. H. W. Dietz Nachf.

Bartels, Hans-Peter / Kellner, Anna Maria / Optenhögel, Uwe (Hg.) (2017): *Strategische Autonomie und die Verteidigung Europas. Auf dem Weg zur Europäischen Armee?* Bonn: J. H. W. Dietz Nachf.

Bierling, Stephan (2014): *Vormacht wider Willen. Deutsche Außenpolitik von der Wiedervereinigung bis zur Gegenwart.* München: C. H. Beck.

Böcker, Martin / Kempf, Larsen / Springer, Felix (Hg.) (2013): *Soldatentum. Auf der Suche nach Identität und Berufung der Bundeswehr heute.* München: Olzog.

Bohnert, Marcel / Reitstetter, Lukas J. (Hg.) (2014): *Armee im Aufbruch. Zur Gedankenwelt junger Offiziere in den Kampfgruppen der Bundeswehr.* Berlin: Miles-Verlag.

von Bredow, Wilfried (2018): *Piaffen und Pirouetten. Die geschäftige Stagnation der europäischen Sicherheitspolitik.* In: *Zeitschrift für Außen- und Sicherheitspolitik.* 11. Jg., H. 4, S. 449–457.

von Bredow, Wilfried (2016): *Eine Bundeswehr für alle Fälle? Von der Schwierigkeit, sicherheitspolitische Prioritäten zu setzen.* In: *Zeitschrift für Staats- und Europawissenschaften.* 14. Jg., H. 4, S. 519–544.

von Bredow, Wilfried (2015): *Sicherheit, Sicherheitspolitik und Militär. Deutschland seit der Vereinigung.* Wiesbaden: Springer VS.

Brummer, Klaus (2013): *Die Innenpolitik der Außenpolitik. Die Große Koalition, ›Governmental Politics‹ und Auslandseinsätze der Bundeswehr.* Wiesbaden: Springer VS.

Brummer, Klaus / Kiessling, Friedrich (Hg.) (2019): *Zivilmacht Bundesrepublik? Bundesdeutsche außenpolitische Rollen vor und nach 1989 aus politik- und geschichtswissenschaftlichen Perspektiven.* Baden-Baden: Nomos.

Buch, Detlef (2011): *Bundeswehr 2.0. Von der Wehrpflicht bis Afghanistan – Reduziert, ignoriert, egalisiert?* Frankfurt/M.: Peter Lang.

Clement, Rolf (2013): *Gründlich gescheitert. Euro Hawk gefährdet das Image des Verteidigungsministers.* www.deutschlandfunk.de/gruendlich-gescheitert.724.de.html?dram:article_id=248877 (Zugriff 10.02.2020).

Dempsey, Judy (2013): *Das Phänomen Merkel. Deutschlands Macht und Möglichkeiten.* Hamburg: Edition Körber-Stiftung.

Fischer, Joschka (2016): *Der Abstieg des Westens. Europa in der neuen Weltordnung des 21. Jahrhunderts.* Köln: Kiepenheuer & Witsch.

Fröhlich, Stefan (2019): *Das Ende der Selbstfesselung. Deutsche Außenpolitik in einer Welt ohne Führung.* Wiesbaden: Springer.

Gujer, Eric (2007): *Schluss mit der Heuchelei. Deutschland ist eine Großmacht.* Hamburg: Edition Körber-Stiftung.

Harnisch, Sebastian / Schild, Joachim (Hg.) (2014): *Deutsche Außenpolitik und internationale Führung. Ressourcen, Praktiken und Politiken in einer veränderten Europäischen Union.* Baden-Baden: Nomos.

Heidenkamp, Henrik (2010): *Der Entwicklungsprozess der Bundeswehr zu Beginn des 21. Jahrhunderts. Wandel im Spannungsfeld globaler, nationaler und bündnispolitischer Bestimmungsfaktoren.* Frankfurt/M.: Peter Lang.

HELLMANN, GUNTER / JACOBI, DANIEL / STARK URRESTARAZU, URSULA (HG.): *(2015): ›Früher, entschiedener und substantieller‹? Die neue Debatte über Deutschlands Außenpolitik.* Wiesbaden: Springer VS.

HESSE, JOACHIM JENS (2015): *Die Neuausrichtung der Bundeswehr. Ansatz, Umsetzung und Ergebnisse im nationalen und internationalen Vergleich.* Baden-Baden: Nomos.

ISCHINGER, WOLFGANG (2018): *Welt in Gefahr. Deutschland und Europa in unsicheren Zeiten.* Berlin: Econ.

ISCHINGER, WOLFGANG / MESSNER, DIRK (HG.) (2017): *Deutschlands neue Verantwortung. Die Zukunft der deutschen und europäischen Außen-, Entwicklungs- und Sicherheitspolitik.* Berlin: Econ.

JACOBI, DANIEL / HELLMANN, GUNTHER (HG.) (2019): *Das Weißbuch 2016 und die Herausforderungen von Strategiebildung. Zwischen Notwendigkeit und Möglichkeit.* Wiesbaden: Springer VS.

JÄGER, THOMAS (2019): *Das Ende des amerikanischen Zeitalters. Deutschland und die neue Weltordnung.* Zürich: Orell Füssli.

JONAS, ALEXANDRA / VON ONDARZA, NICOLAI (2010): *Chancen und Hindernisse für die europäische Streitkräfteintegration. Grundlegende Aspekte deutscher, französischer und britischer Sicherheits- und Verteidigungspolitik im Vergleich.* Wiesbaden: VS Verlag für Sozialwissenschaften.

KALDRACK, GERD E. / PÖTTERING, HANS-GERT (HG.) (2011): *Eine einsatzfähige Armee für Europa. Die Zukunft der Gemeinsamen Sicherheits- und Verteidigungspolitik nach Lissabon.* Baden-Baden: Nomos.

KLEINE-BROCKHOFF, THOMAS (2019): *Die Welt braucht den Westen. Neustart für eine liberale Weltordnung.* Hamburg: Edition Körber.

KRAUSE, JOACHIM / IRLENKAEUSER, JAN C. (HG.) (2006): *Bundeswehr – Die nächsten 50 Jahre. Anforderungen an deutsche Streitkräfte im 21. Jahrhundert.* Opladen: Verlag Barbara Budrich.

von Krause, Ulf (2013): *Die Bundeswehr als Instrument deutscher Außenpolitik.* Wiesbaden: Springer VS.

Kurtz, Gerrit (2019): *Präventive Außenpolitik braucht überprüfbare Strategien.* Berlin: DGAP-Standpunkt, Nr. 27/2019.

Major, Claudia (2019): *Die Rolle der NATO für Europas Verteidigung. Stand und Optionen zur Weiterentwicklung der deutschen Perspektive.* Berlin: Stiftung Wissenschaft und Politik (SWP-Studie 25/Nov. 2019).

Mangasarian, Leon / Techau, Jan (2017): *Führungsmacht Deutschland. Strategie ohne Angst und Anmaßung.* München: dtv.

Masala, Carlo (2018): *Weltunordnung. Die globalen Krisen und das Versagen des Westens.* München: C.H. Beck.

Mey, Holger H. (2001): *Deutsche Sicherheitspolitik 2030.* Frankfurt/M.: Report.

Münkler, Herfried (2015):
Macht in der Mitte. Die neuen Aufgaben Deutschlands in Europa. Hamburg: Edition Körber-Stiftung.

Muhler, Christopher (2018): *Transformation wider Willen? Die Bundeswehr im Kontext deutscher Auslandseinsatzpolitik 1989–2011.* Berlin: Logos.

Naumann, Klaus (2008): *Einsatz ohne Ziel? Von der Politikbedürftigkeit des Militärischen.* Hamburg: Hamburger Edition.

Naumann, Klaus (1994): *Die Bundeswehr in einer Welt des Umbruchs.* Berlin: Siedler.

Neue Macht – Neue Verantwortung. Elemente einer deutschen Außen- und Sicherheitspolitik für eine Welt im Umbruch (2013). Berlin: Stiftung Wissenschaft und Politik / Washington, D.C.: The German Marshall Fund of the United States.

Pfaff, Isabella (2019): *Wer keine Strategie hat, kann sie auch nicht kommunizieren.* www.peacelab.blog/2019/10/wer-keine-strategie-hat-kann-sie-auch-nicht-kommunizieren (Zugriff 25.01.2020).

Roithner, Thomas (2019): *Verglühtes Europa? Alternativen zur Militär- und Rüstungsunion – Vorschläge aktiver Friedenspolitik.* Wien: MyMorawa.

Schwarz, Hans-Peter (2005): *Republik ohne Kompass. Anmerkungen zur deutschen Außenpolitik.* Berlin: Propyläen.

Sebaldt, Martin (2017): *Nicht abwehrbereit. Die Kardinalprobleme der deutschen Streitkräfte, der Offenbarungseid des Weißbuchs und die Wege aus der Gefahr.* Berlin: Miles-Verlag.

Sedlmayr, Sebastian (2008): *Die aktive Außen- und Sicherheitspolitik der rot-grünen Bundesregierung 1998–2005.* Wiesbaden: VS Verlag für Sozialwissenschaften.

Stanzel, Volker (2019): *Die ratlose Außenpolitik. Und warum sie den Rückhalt der Gesellschaft braucht.* Bonn: J. H. W. Dietz Nachf.

Terhalle, Maximilian (2020): *Strategie als Beruf. Überlegungen zu Strategie, Weltordnung und Strategic Studies.* Baden-Baden: Tectum.

Wanner, Meike (2019): *Das Ansehen der Bundeswehr. Persönliche Einstellungen versus Meinungsklimawahrnehmung.* Baden-Baden: Nomos.

Wissmann, Constantin (2019): *Bedingt einsatzbereit. Wie die Bundeswehr zur Schrottarmee wurde.* München: Riva.